五百羅漢納吉祥（上）

國泰祥　編著

文物出版社

合 作 单 位：中华文化产业集团（香港）
北京传古颂今文化交流有限公司
海外推广发行：当代中国媒体有限公司（香港）
主　　　编：国泰祥
副 主 编：张茹兰　释禅悟（行觉）　叶佩兰
编　　　委：王春城　吕　斌　刘　沛　刘　跃　汤伟建　李宗扬　李保生　张安鸽　张斌翀
张　红　岳　峰　姜西海　施　俊　崔文军　康　邕　梁晓新　谢振海　穆文斌
顾　　　问：牟钟鉴　梁庭望　赵志忠　赵泰来　赵　榆　王　军　邓国鹏
责 任 编 辑：赵　磊　李　诤
责 任 印 制：陈　杰

图书在版编目（CIP）数据

五百罗汉纳吉祥/国泰祥编著.－北京：文物出版社，2009.11
ISBN 978-7-5010-2774-3

Ⅰ.五… Ⅱ.国… Ⅲ.罗汉－杂彩瓷（考古）－景德镇市－民国－图集 Ⅳ.k876.32

中国版本图书馆CIP数据核字（2009）第070106号

五百罗汉纳吉祥

国泰祥　编著
文物出版社出版发行
（北京东直门内北小街2号楼　邮政编码 100007）
http://www.wenwu.com
E-mail:web@wenwu.com
北京东方文博图文设计制作有限公司制版
北京圣彩虹制版印刷技术有限公司印刷
新华书店经销
787×1092　1/8　印张：66
2009年11月第1版　2009年11月第1次印刷
ISBN 978-7-5010-2774-3
定价：1880.00元

〖五百羅漢納吉祥——序〗

王哲一

在中國寺院中常供有十六羅漢、十八羅漢和五百羅漢。唐《法住記》載，謂佛陀臨涅槃時，囑付十六大阿羅漢，自延壽量，常住世間，游化說法，作衆生福田，故佛寺叢林裏常雕塑羅漢像，供養者衆。十八羅漢乃世人于十六羅漢外另加降龍、伏虎二羅漢。而五百羅漢，通常是指佛陀在世時常隨教化的大比丘衆五百阿羅漢，或佛陀涅槃後，結集佛教經典的五百阿羅漢。

五百羅漢的傳說在佛經中是常見的，例如西晉竺法護譯《佛五百弟子自説本起經》云佛滅度迦葉尊者與五百阿羅漢最初結集三藏。《舍利弗問經》中說，弗沙秘多羅王毁滅佛法後，有五百羅漢重興聖教。諸如此類說法甚多。在中國漢地自東晉竺曇猷居住天臺山時，古老相傳云：天臺懸崖上有佳精舍是得道者所居。有石橋跨澗而橫石斷人。猷潔齋纍日，度橋見精舍神僧，因共燒香中食。神僧謂猷曰：却后十年自當來此。于是而反。後世遂有石橋寺五百應真之說。

對五百羅漢的尊崇，似乎在五代時已頗爲興盛，如顯德元年道潛禪師得吴越錢忠懿王的允許，將雪峰塔下的十六大士像遷于净慈寺，創建五百羅漢堂。而各地名山也有羅漢洞或竹林聖僧寺的傳說，如河南嵩山有五百羅漢洞。現存的五百羅漢堂有北京碧雲寺、成都寶光寺、甘肅蓮花寺石窟、蘇州西園寺、昆明筇竹寺、西山華亭寺、武漢歸元寺等處。其中，蓮花寺石窟的五百羅漢爲石刻像，雕造于宋紹聖二年。北京碧雲寺的五百羅漢，其規模在華北地區最爲可觀。成都寶光寺、昆明筇竹寺及西山華亭寺的五百羅漢均爲彩塑。歷代畫家繪畫五百羅漢圖像，見于著録的有梁代的朱繇，見于宋中興館閣儲藏。稍後有宋代的李公麟，南宋的劉松亭、吴彬等。

在日本，五百羅漢信仰盛行于江户時代以降。隨着此信仰之流行，五百羅漢像的製作流行日本全國各地，而且羅漢像的表情也漸傾向庶民化，可見羅漢信仰普及于一般民間。如東京都目黑大圓寺的釋迦三尊、十六羅漢、五百羅漢像，川越喜多院的五百羅漢像，小田原市的玉寶寺，大分縣耶馬溪的羅漢寺等，皆是江户時代有關羅漢信仰的著名作品。另川越寄居町小林寺内，也有五百羅漢像。

考諸佛典，羅漢是阿羅漢的簡稱，梵名(Arhat)。有殺賊、應供、無生的意思，是佛陀得道弟子修證最高的果位。羅漢者皆身心六根清淨，無明煩惱已斷(殺賊)；已了脱生死，證入涅槃(無生)；堪受諸人天尊敬供養(應供)。于壽命未盡前，仍住世間梵行少慾，戒德清淨，隨緣教化度衆。

我的理解是，依佛教的義理，羅漢是介于常人(如比丘)和佛菩薩之間的角色，羅漢所證的果位次于佛和菩薩，因此地位也比佛菩薩低，但又比常人高，謂不再受生死輪回的束縛，已達不生不滅的境界。因此，我們發現，羅漢住的地方只能叫「堂」而不能叫做「殿」的。菩薩爲了入世救世，有時甚至犧牲自我，不計個人得失。由此看來，佛菩薩高不可攀，而羅漢更接近常人一些。也更容易靠近，更容易學習。羅漢像因無經典儀軌依據，隨各代的藝術家來創作表現。通常是剃髮出家的比丘形像，身着僧衣，簡樸清淨，姿態不拘，隨意自在，反映現實中清修梵行，睿智安祥的高僧德性。就像一個個現實生活中的高僧大德。

羅漢更容易靠近，更容易學習，而且值得學習。你看羅漢有三大特點：一曰六根清淨，煩惱斷除；二曰了脱生死，證入涅槃；三曰人天供養，隨緣教化。我認爲當今的中國出家人，最高目標可以向往做佛做菩薩，但要從學羅漢做起，先做羅漢，羅漢做好了再向更高的境界奮鬥。

第一、做到六第一，做到六根清淨，斷除煩惱。看起來只是八個字，其中真正體現了梵行少欲，戒德清淨的精神。當今中國佛教界的一些人就缺少這種精神。趙樸老在中國佛教四十年的講話中曾嚴厲指出：「當今中國佛教從自身建設來說，也面臨着嚴峻的挑戰。佛教界有相當一部分人信仰淡化，戒律松弛；有些人道風敗壞，結黨營私，追名逐利，奢侈享樂乃至腐化墮落；個別寺院的極少數僧人甚至有違法亂紀，刑事犯罪的行爲。這種腐敗邪惡的風氣嚴重侵蝕着我們佛教的肌體，極大地損害了我們佛教的形象和聲譽，如果任其蔓延，勢必葬送我們的佛教事業。如何保持佛教的清淨莊嚴和佛教徒的正信正行，從而發揮佛教的優勢，莊嚴國土，利樂有情，這是當今佛教界必須解決的重大課題。」

前幾年，國家宗教局葉小文局長在一次講話中向廣大佛教界殷切建議道：「要繼續加强佛教自身建設。接着世界佛教論壇提出的和諧世界，從心開始，可以説很多話，比如：從心開始，以戒爲師，紹隆佛種，慧炬長明。通過重新舉起以戒爲師的旗幟，加强信仰建設、道風建設、教制建設、人才建設、組織建設，內强素質，外樹形象，迎接中國佛教第八次全國代表大會的召開。

第二、做到了脱生死，證入涅槃。對常人來説很抽象，但對出家學佛人來説很容易理解。佛法的總綱是戒、定、慧三學，修學佛法的次第是持戒修定，開發智慧。從佛學思想體系的結構來説，人間佛教思想的含義與要求是非常明確的。也就是説，人間佛教的總綱也是戒定慧三學。在這方面，太虛大師同樣有許多非常懇切的言教。他説過：「戒定慧三學應先修習戒學爲基本，所謂由戒生定，依定發慧。戒爲定慧之基，定生後，戒即與之相應而成爲定共戒；慧發後，戒即與慧相應而成爲道共戒。戒能生定者，以戒具足後，理得心安，內心即常生歡喜安樂，由安而定，依定體驗觀察而發生智慧，則爲無漏聖智。故佛法應從戒學之根本上修起。」（見《太虛大師全書》第十六册第二十五頁）戒律的精神，一方面是防非止惡而遠離身口意三業的過患；另一方面是修善利他而積聚功德。戒律的內容，有五戒、十戒、具足戒、菩薩戒的不同層次。如果根據菩薩自利利他的精神，從性質和作用兩方面對戒律加以區分歸類的話，則所有的戒法可以歸並爲三大類，即所謂三聚淨戒。只有受持一切戒律，才能完成出家學佛的任務，從而了脱生死，證入涅槃。

第三、做到人天供養，隨緣教化。戒律具有止惡生善兩重意義，戒法分爲止持、作持二門。止持門是指對于身口等的過非，制止而不作，就是守持戒法；如不當作而作了，就違反了戒法，此爲「止持作犯」。作持門是指對于社會人群乃至一切有情有益之事，能積極去作，就是守持了戒法；如果當作而不作，也就違反了戒法，此爲「作持止犯」。如約三聚淨戒來分析，「止持作犯」是針對攝律儀戒的防非止惡而言的；「作持止犯」則是針對攝善法戒、饒益衆戒的利人濟世而言的。三聚淨戒、止作二持的精神，正是實踐人間佛教所應發揚的積極精神。

趙樸老曾經指出：「我們提倡人間佛教的思想，就要奉行五戒、十善以淨化自己，廣修四攝、六度以利益人群。」因此必須旗幟鮮明地宣傳和實行人間佛教以戒爲師的思想，這樣才能使戒香普熏，正法久住，從而受人天供奉，隨緣教化。

總之，我們這個時代的人特别是出家人，既要有學習佛菩薩的遠大理想，也要有學習作羅漢的務實精神。這個時代，需要一種務實的作風，需要實事求是的精神。呼喚羅漢精神，一點都不過分。因此，想成佛，先做羅漢。由文物出版社出版的《五百羅漢納吉祥》一書，將會爲羅漢精神的復歸發揮積極作用。

五百羅漢納吉祥

一誠

泥火之珍

耿寶昌題

佛頌和諧聲

少林永信

百羅漢
納吉祥

国泰民安百姓樂
五百羅漢笑開顏

南海戒忍書

五百羅漢納吉祥

應真金地
藝苑瑰珍

傅印敬題

五百尊者像
神儀表法行

北京潭柘寺 常道書

五百羅漢
粉彩瓶

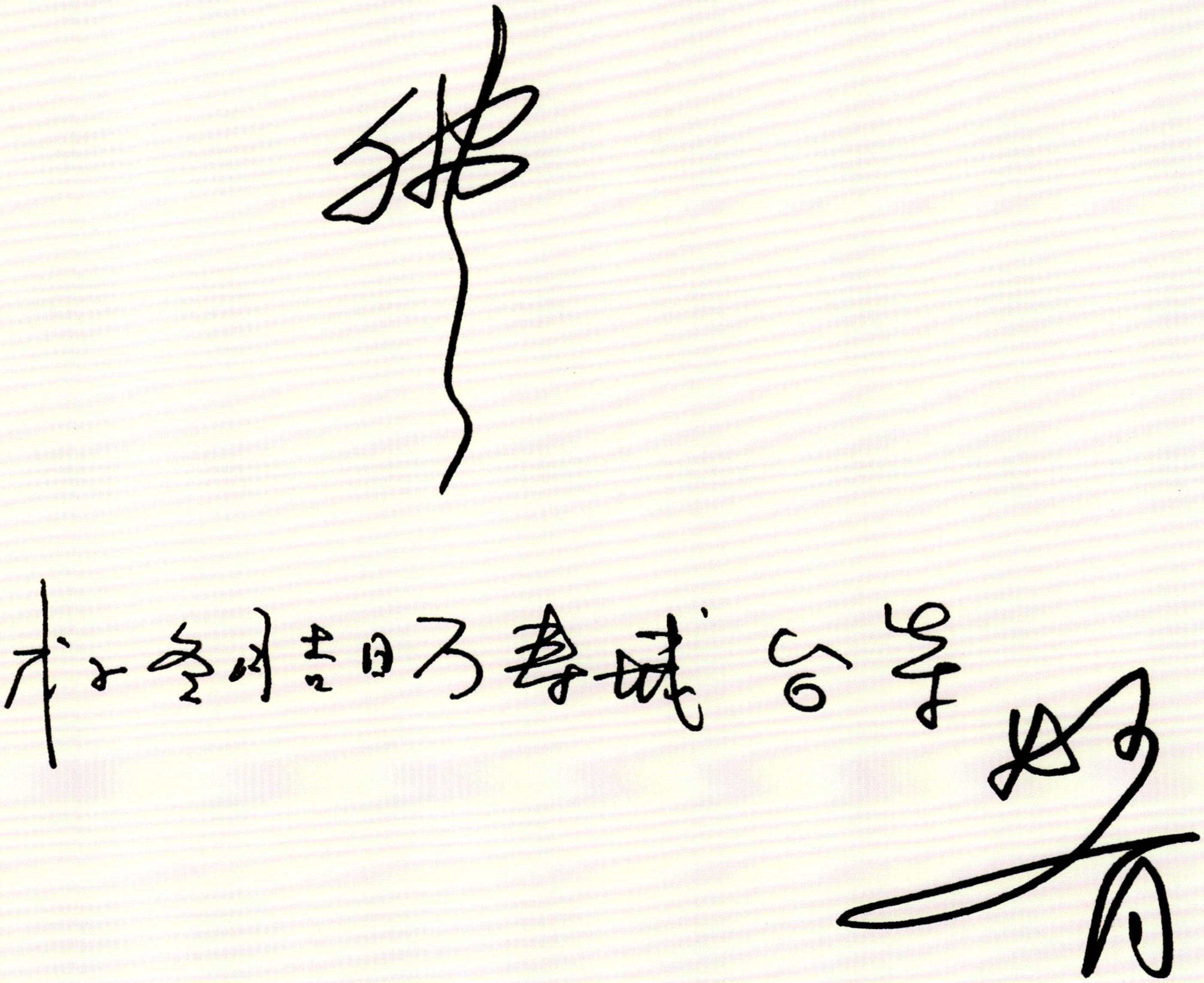
佛

賀五百羅漢納吉祥

其五百比
丘次第當
作佛同號
日普明轉
次而授記
我滅度之
後某甲當
作佛其所
化世間亦
如我今日

集妙法蓮華經
五百羅漢受記品
偈頌

演覺敬書

五百羅漢

粉彩瓶

賀《五百羅漢納吉祥》出版

三界縱橫任遨遊
也無歡樂也無憂
唯勤止惡行諸善
到處窮通總自由

戊子年冬月十九 都江堰
普照寺釋果證敬書

戊子年孟冬

羅漢示現

沙门則悟

妙寶莊嚴

白華納吉法

佛
戊子年

五百羅漢第一尊

阿若憍陳如尊者，是「五百羅漢」的第一位。阿若，意爲瞭解或初知，憍陳如，爲其姓，意爲族者。

相傳兩千五百年前，佛祖釋迦牟尼誕生在古印度的小國，他的父親浄飯王爲能給本國國民帶來吉祥，給其取名爲悉達多。長大後爲尋找世人解脱一切苦難的方法，浄飯王太子悉達多决定離家修行。父親見勸阻不住，衹好在親族中挑選阿若憍陳如與其他四位侍從陪伴太子在林中苦行修道。六年後，悉達多面容憔悴，肋骨畢現，感覺到苦行無益，便半途放弃了苦行。阿若憍陳如認爲悉達多背弃了自己原來的信念，便與其他四人一起離開悉達多到別處繼續苦修。後來，悉達多在菩提樹下悟得真理，大徹大悟，成爲佛陀。成佛後，釋迦牟尼找到阿若憍陳如等人，宣講佛法，使五人皈依佛教，成爲佛最初的弟子。由於阿若憍陳如是第一位悟入正法的弟子，因而得了「阿若憍陳如」之稱，並被列爲「五百羅漢」之首。阿若憍陳如體貌豐滿，神態沉静而安詳，具有博深的佛學理論和堅定的信仰。

阿泥樓尊者

阿泥樓尊者爲古代印度迦毗羅衛國斛飯王之子，是佛陀十大弟子之一。阿泥樓的意思爲如意、無障、無貪、隨順義人、不爭有無。

相傳阿泥樓與阿難、難陀、優婆離等在佛陀成道後回鄉之時出家爲弟子。出家後的阿泥樓，修道精進，堪爲楷模。據説有一次他在佛陀説法中酣睡，被佛呵責，從此便立誓不眠，以致患上眼病不幸失明，但他仍堅持修行並不斷取得進步，漸漸的其心眼漸開，終於成爲佛弟子中「天眼第一」，能見天上地下十方域之六道衆生。佛陀入滅之際，他侍立於涅槃床前守護。佛陀涅槃後，他曾參加第一次結集，貢獻卓著。

五百羅漢第二尊

五百羅漢第三尊

有賢無垢尊者，即無垢威德菩薩。佛教中有六垢、七垢之説，這裏的垢爲煩惱之意。

據《大方廣三戒經》卷上載，有賢無垢尊者位居普賢菩薩和文殊菩薩之下，但具有普賢、文殊二菩薩的慈悲與功德。按照佛祖要求他遠離了世俗的一切煩惱，眼界清净無所不見，能呈現佛祖所具有的一切非凡神通，智慧之光無所不照。能知過去與未來，並能在所有佛刹寺院顯現自己無量的功德身相，其影響力能充分到達一切皈依了佛教的地方。他施慧於萬物，卻不居德自傲，依然心地寂静、思緒不亂。在世間弘揚佛法，引導衆生脱離苦海，到達極樂的彼岸，是一位真正功德無量，播撒快樂的智慧尊者。

須跋陀羅尊者

須跋陀羅尊者，又稱蘇跋陀羅。須跋陀的意思爲慈善，賢惠，有智慧。

須跋陀羅尊者原爲古印度拘尸那城的一名外道婆羅門，但聰慧多智，根機敏利，爲佛陀入滅前最後接受教誡而得道的一位弟子。據説，須跋陀羅當時已一百二十歲，修習外道功力甚深，已得天眼通、天耳通、他心通、宿命通、如意通等五神通。他聽説佛陀在娑羅林中即將涅槃，便急忙前往拜謁。佛陀知道他要來，便預先告知弟子阿難。到了夜裏，須跋陀羅來到，被引到佛陀床前。佛陀爲他講授了八聖道等佛教奥秘大法，使其修成正果成爲羅漢。須跋陀羅聰明多智，悟性極高，年齡雖大，卻悟得佛教最高真理。

迦留陀夷尊者爲佛陀出家前的宮廷老師，有豐富的佛學理論，學問高深。迦留爲黑光之意。

相傳佛祖在世時，有六個僧人常做有失佛教禮儀的事，稱作六比丘，佛教的很多戒律都是因此六人而制定的，而迦留陀夷尊者就是這六比丘之一。據《增一阿含經》卷四十七、《四分律》卷十四等載，迦留陀夷其身極黑，常在夜間外出化緣。一天深夜，陰雲密布，他來到一户人家乞食，這家婦人正懷身孕，於閃電中突然看見一黑色之人，以爲鬼神來了，驚恐的問其是誰，當婦人聽説迦留陀夷是佛家弟子後，便大聲惡罵着把他趕出，而婦人也因受到驚嚇墮了胎。後來佛祖如來知道了此事，便定下戒律：出家人每天衹准中午進食一次，過午後不准進一粒米，進食前不得提前到施主家中乞食，以避免發生類似不愉快的事情。

聞聲得果尊者

聞聲得果尊者，因德行立名，是佛祖釋迦牟尼的弟子。聞，爲聽之意；聲，爲耳所對之境，據《大乘義章》所説：「聞如來之言教而悟解，故曰聲聞」；得果，爲三乘聖人各得自乘之果法。

據説聞聲得果尊者成爲佛祖弟子後，經常追隨佛祖左右，聽佛祖演説佛學無上的奧理妙法，豁然領會四諦之理，得到了修行的果實，斷見思之惑，證得阿羅漢果，往生於不生不滅的涅槃極樂境界。

栴檀藏王尊者

栴檀藏王尊者，又稱栴檀昵吒，先前爲月支國國王。

相傳佛滅後六百年，有大乘佛教大師馬鳴，在古印度摩竭國華氏城傳教，對大衆宣講苦空無我法，同時又譜寫了許多節律清雅、音調哀婉的佛樂，使衆生折服紛紛皈依佛教，不久城中就有五百人剃度出家。國王擔心，如此下去國家將有土無民，於是禁止馬鳴宣講佛法、演奏佛樂。不久，月支國栴檀藏王率兵擊敗摩竭國，摩竭國王將馬鳴大師、佛鉢及大量黃金獻給栴檀藏王，栴檀藏王退兵，並將馬鳴迎回本國。後來，馬鳴在月支國做了無數讓百姓受益的慈善之事，栴檀藏王也興教護法，使越來越多的臣民都皈依了佛教，從此月支國佛教盛行。

施幢無垢尊者

施幢無垢尊者，因德行立名。無垢，指清净而無污染；所謂幢，梵名馱縛若，又稱計都，是一根頂部裝飾着各種顏色絲帛的竿柱，一般在佛前建立，籍以表麾衆生，制伏諸魔。

相傳施幢無垢尊者虔誠地皈依佛法後，對佛陀極爲尊崇，他一方面布施一面旗幡於佛前，以表達對佛無邊法力的讚頌，另一方面又謹守戒律，刻苦修行，並達到清静無染、佛性純潔的無垢境界，證得阿羅漢果。

憍梵鉢提尊者，又稱爲波提、迦梵提、牛迹比丘，是釋迦牟尼十大弟子之一。

相傳憍梵鉢提尊者在前世採摘一棵稻穗時，使得數顆谷粒墮落地上，因爲不愛惜糧食，於是被罰五百世當牛，以作爲對其過失的懲罰。轉世爲人後，他持律嚴謹、戒行高潔，後來拜舍利弗爲師，精通佛法，居住在天上尼利沙樹園。釋迦牟尼涅槃後，弟子迦葉結集三藏(即《經藏》、《律藏》、《論藏》)，因無人能結集出《毗尼藏》，經推薦迦葉派人到天上邀請憍梵。憍梵得知釋迦牟尼涅槃，舍利弗示寂，非常悲痛，決定跟隨佛祖與恩師而去，於是合目入禪定，隨後昇騰而起，以手觸摸日月，通身放光，然後用心火燒身，體內出水，分四道流下，流到迦葉身旁，水中傳出四句偈，表示要如同象子跟隨大象一樣追隨佛祖去了。

因陀得慧尊者

因陀得慧尊者，是一位受人們欽敬的高僧。因陀即佛教經典中的因陀羅，慧，指智慧。

據《景德傳燈録》、《傳法正宗記》等書的記載，自佛祖將正法眼藏付與摩訶迦葉，代代傳承。至西天第二十四祖爲師子尊者，師子尊者付法藏於二十五祖婆舍斯多，並旁出一祖達磨達，達磨達又有兩個弟子，因陀羅即是其中之一。據説，達磨達是罽賓國人，在師子尊者遇害後，便到象白山中隱居修行，享年甚長，因陀羅一直隨侍身旁。因陀羅有四個著名弟子，即達磨尸利帝、那伽難提、破樓求多羅和婆羅多提，宗列爲嫡系傳法序列，很受敬重。

迦那行那尊者是佛祖釋迦牟尼的聲聞弟子。「迦那」爲其名；「行那」，意爲在逆境中，於所學諸法不得不失，不來不去，心身安住無所動，是一種好品德。

據《舍利弗問經》記載，迦那尊者爲比丘時，曾外出化緣，行至一個名叫大林的村落時氣候突變，酷寒無比，耐寒的鳥獸悉被凍死。值此危難之際，他内著僧衣，外罩俗衣，方免於一死。佛教戒律規定，僧衆必須著僧衣，免冠露頂，否則以違律論處。迦那尊者於困境中能取能舍，知道權便，雖然暫時穿俗衣禦寒，但是内心對佛教的信仰卻堅定不移，毫不動摇，被稱作多智慧的人。因迦那尊者具有上述品德，故稱之爲迦那行那。

婆蘇盤豆尊者，又叫世親菩薩。古代印度羅閱城人，姓毗舍。過去譯作天親，做爲世人親近供養的意思。是無著菩薩的同母弟弟，被禪宗尊稱爲西天二十八祖第二十一祖。

相傳尊者的父親叫光蓋，母親叫嚴一，家庭富裕，因没有兒子，他父母於是到佛塔禱告求子。一天傍晚，他母親夢見吞明暗二珠，感覺身懷有孕，一月後果然産有一子，即尊者。尊者長到十五歲時，禮光度羅漢出家，感動了毗婆訶菩薩，於是爲他授戒。師從侍奉闍夜多之前，常常到凌晨一點也不睡覺，六點又開始禮拜佛經，清静無欲，爲衆人所拜服歸順，終被闍夜多所超度，並繼承闍夜多衣鉢，宣讀通曉佛經，廣化衆生。後來行化到後那提國時，他把佛教大法傳給摩奴羅，就跏趺（佛教徒的一種坐法）而仙逝了，圓寂時壽已八十，後人稱爲世親菩薩，並著有《唯識論》等五百部弘揚大乘教義的論著，被當時的人們稱爲「千部論主」。

婆蘇盤豆，又作婆盤豆、筏蘇盤豆、筏蘇畔徒、婆藪盤頭、婆修盤頭。

五百羅漢

粉彩瓶

五百羅漢第十二尊

法界四樂尊者

法界四樂尊者即天臺慧思（公元515—577年），是南北朝時代的高僧。武津（河南上蔡）人，俗姓李，世稱南岳尊者、思大和尚、思禪師。爲我國天臺宗第二代祖師。崇尚遵循《法華經》，主張身安樂行、口安樂行、意安樂行、誓安樂行。

法界四樂尊者自幼喜讀《法華經》，曾於夢中受普賢菩薩摩頂戒，據傳摩頂處漸生肉髻。十五歲出家，以慈慧見長於衆僧，遵循古印度佛教戒俗，每日一餐，然而安心於寺院的寂寞，潛心修禪悟道。後師從天臺宗第一代祖師慧文禪師，得授觀心之法，領悟到法華經的精要，成爲天臺宗二世祖。北齊天保年間（公元550—559年），率領衆弟子南遊，時值梁元帝覆滅，江南不得安寧，於是暫住在光州大蘇山（河南商城）。慕名投奔的不惜遠道而來，門徒日益增多。陳光大二年（公元568年），率衆居於南岳衡山，山中常有瑞兆出現，據傳幾名天童爲之垂手侍衛。曾多次受到宣帝禮遇，並被尊稱爲「大禪師」。太建九年，尊者晏然而化，世壽六十三。著作有《法華經安義》一卷、《諸法無諍三昧法門》二卷、《大乘止觀法門》四卷、《南岳思大禪師立誓願文》一卷。

優樓頻螺尊者，本名摩訶迦葉，又叫摩訶迦葉波，爲三迦葉之一。優樓頻螺，意譯作木瓜林。因其善行頭陀，熱心供養僧伽，被稱爲「頭陀第一」、「供養第一」。

尊者生於古印度摩竭陀國王舍城郊的一個婆羅門家庭。後信奉佛教，皈依佛陀。在十大弟子中，以嚴格遵守頭陀行而著名。「頭陀行」是古印度的一種苦行，修行者必須行脚、乞食、露宿，禁止各種欲望，即通稱的苦行僧。相傳佛陀在靈鷲山爲衆弟子説法，有大梵天王獻金色波羅花表示敬意。佛陀拈花示衆，衆弟子不知何意，衹有尊者當下破顏微笑。於是佛陀高興地宣布：我有正法眼藏、涅槃妙心、實相無相、微妙法門，付於摩訶迦葉。中國禪佛教以心傳心、「拈花微笑」的典故即出於此。佛陀圓寂後，他召集各地長老，主持了佛教史上第一次結集，由阿難誦出經文，優婆離誦出律典，整理誦出釋迦以往的教導，使大家明確遵守，從而使佛教經典得以保存流傳。據説他後來隱身於王舍城郊的鷄足山中，等待將來彌勒佛降世時，再出世轉交佛陀遺留的衣鉢，協助彌勒佛教化衆生。

佛陀密多尊者

佛陀密多，古印度提伽國人，姓毗舍羅，是著名禪師，爲西天二十八祖中之第九祖。

據記載，尊者德厚睿智，能度化衆生，摧滅異學。相傳，當時國王崇信邪教，打擊壓制佛教。師尊親自手持赤幡，走到王宮求見，等了很長時間，方被召見。尊者來到王所，與邪教勢力進行論理，最後以無方論使對方屈服。然後又與王論義，挫其邪心，讓國王相信正法；而後又教化了兩個哥哥優樓頻螺尊者和迦耶迦葉尊者，成爲釋迦牟尼的弟子，並使其五百弟子皈依佛教。

相傳尊者爲世親之師，著有《五門禪經要用法》。他認爲坐禪有五種基本的修煉方法。第一種爲安般，第二種爲不净觀，第三種爲慈心，四爲觀緣，五爲念佛。教授門徒時，須根據每人的不同特點選擇不同的修煉方法。心思紊亂者，教以安般法；貪戀世間情趣者，教以不净法；易怒性烈者，教以慈心法；多爲私利者，教以因緣法；心緒消沉者，教以念佛法。佛陀密多主張，坐禪是修煉，坐禪之外日常生活中的接人待物，也要隨時調整自己的思維方法，使之符合佛理，這樣更有助於坐禪的功效，早日求得正果。

那提迦葉尊者

那提迦葉尊者又稱作難提迦葉、囊提迦葉、捺地迦葉波，略稱那提，爲三迦葉之一，是優樓頻螺迦葉之弟，伽耶迦葉之兄，中印度摩竭陀國人。迦葉，意爲飲光，那提爲河名，因尊者是生於河邊，故以此爲名。

據《增一阿含經》卷十五、《佛本行集經》卷四十、《過去現在因果經》卷四等載，尊者初爲事火外道，領三百弟子住尼連禪河下游。其時，佛陀成道，游化苦行林，度其長兄，那提遂與其弟共率弟子歸佛入道。據稱，尊者習意寂然，降伏結業，精進修行。

那延羅目尊者

那延羅目尊者又叫那羅延窟，爲過去世佛，早於佛祖釋迦牟尼之前出世，弘揚教法，利益衆生，功德無量，入滅後建有住持大塔。

據《大方廣佛華嚴經隨疏演義鈔》卷第十七載，佛祖釋迦牟尼曾對弟子們說：那延羅目等過去諸佛的住持大塔，是現在佛、菩薩、弟子依存居住的地方。以往的菩薩們都盡心地保護諸佛的大塔，現今我等也要恭敬供養，無論是現世還是來世，我的弟子及弟子的弟子，都要以塔寺爲住處，護持供養，這樣才能不忘諸佛的教法。從此那延羅目等諸佛的寺塔遍布四天之下，衆佛弟子在四天之下居住，在四天之下弘揚佛法，傳播教義，猶如法雨普降，充滿世界。

佛陀難提尊者

佛陀難提尊者，是古印度迦摩羅國人，被禪宗尊列爲西天二十八祖中第八祖。

相傳尊者頭上長有肉髻，其雄才大略和聰明過人的説服力爲世人所折服。據《景德傳燈録》等書載，七祖伐蘇蜜多到該國説法，佛陀難提要求與他論義，伐蘇蜜多説：仁者論即不義，義即不論，若擬論義，終非義論。佛陀難提聽罷非常欽服，説：我願求道沾甘露味。伐蘇蜜多便爲他剃度授戒，並付正法眼藏給他。佛陀難提出家後，率衆徒四處弘傳佛法。一天當行至提伽國城毗舍羅家時，看見屋舍上有白光向上騰起，知道有聖人，於是就請求這家主人讓其子做侍者，這家主人答應並讓其子出家，起名爲伏陀蜜多。佛陀難提又將正法眼藏傳給伏陀蜜多，偈曰：「虛空無内外，心法亦如此。若瞭虛空故，是達真如理。」伏陀蜜多則以偈讚曰：「我師禪祖中，當得爲第八。法化衆無量，悉獲阿羅漢。」其時佛陀難提即現神變，然後恢復本樣，儼然端坐，歸於涅槃。涅槃後，衆人造寶塔葬其全身。

五百羅漢第十九尊

末田底迦尊者，爲阿難兩弟子之一。印度陀頗羅人，異世五師之一。相傳爲阿難之最後弟子，付法藏之第三祖。末田，中之意；底迦，日之意。因出家於日中之時，又因受戒於水中，故時常被人稱爲日中、水中。

相傳釋迦牟尼在世時，曾對弟子阿難説：我寂滅後五十年，當有一個名叫末田底迦的阿羅漢，在罽賓國弘揚佛法。佛滅後五十年，阿難將要入滅，大地爲之震動。這時有一仙人將阿難的五百門徒乘風飛來見他，阿難逐命末田底迦爲佛祖的傳法之人，使他得以解脱，牢記住佛祖的教誨。末田底迦聽聞佛法後心懷喜悦，便來到罽賓國宣揚佛祖的學説，以神通之力降伏了當地的龍王，龍王獻出龍宫讓他居住。從此，該國皈依了佛教。佛祖昇天後，世間的信徒都想親眼看到佛祖釋迦牟尼，爲滿足大家的心願，末田底迦施展神通，將一能工巧匠送上兜率天去見佛祖，讓其看到並記下佛祖的身長、容貌，返回人間後刻木做像，前後共三次昇天，巧匠才將佛像完成。從此，民間寺院普遍供奉佛祖及其他佛教諸尊的塑像或畫像。

難陀尊者

難陀，又作難鋒迦，譯作「善歡喜」，又名「牧牛」。

據説，尊者曾問佛陀放牛十一事，知道佛陀具一切智慧，便出家並修得阿羅漢果。難陀非常聰明，且聲音美妙。《根本律》記載，佛陀派遣難陀去爲比丘尼説法，其中有五百比丘尼聽到難陀所説證得阿羅漢果。《薩婆多論》中也説明了難陀與這五百比丘尼的前世因緣：從前惟衛佛在世時，經常爲衆生説法。佛滅後，有一王者建牛頭栴檀塔，非常莊嚴壯觀。此王有五百夫人，都供養在此塔中，而所有人都爲未來能跟隨其身邊得到解脱和教化充滿信心。當時的王者，就是如今的難陀；當時的五百夫人，就是如今的五百比丘尼。這就是尊者與五百比丘尼的因緣故事。從此來看，大家應跟隨難陀盡早得到解脱，因爲他能以其美妙的聲音説法，度化世人。

優婆鞠多尊者，異世五師之一。優婆鞠多，意爲近護、近密。

據説佛祖在世時預言百年後，在摩突羅國，當有一個鞠多長者之子名叫優波鞠多的比丘繼承佛法。果然到佛祖所説之時，優波鞠多降臨世間。相傳優婆鞠多尊者雖然出身低微，卻聰慧過人。十七歲時，遇到三祖商那和修尊者的點化而出家，從師三年，在其師傅商那和修的教誨下，隱滅惡心，修養善心，經過七日七夜的修行，惡心全無，善心盈溢。其師又爲他講解四聖諦，聽後即時得道，得到師尊的真傳，成爲禪門西天第四代祖師。他承傳教法後，恰逢阿育王在位，此王在印度弘揚佛教，於是優波鞠多尊者被聘請到華氏城參拜釋迦牟尼的聖跡，爲王説法。後來受其影響此王在優留曼茶山建了許多佛家弟子寺院。據説商那和修尊者見佛門後繼有人，便歸隱罽賓國南象白山中。年僅二十歲的優波鞠多做爲佛門領袖，再也無人約束他，過多的順境使他忘記了過去恩師的教導，心中的驕慢懈怠漸漸生起。三祖商那和修尊者從山中得知此事，便施展神威之本領，來到尊者等面前，顯現龍奮迅三昧，使他很快證得了阿羅漢果，成了無欲無礙的大聖人。

僧迦耶金尊者

僧迦耶金尊者又作僧迦耶舍，意譯爲衆稱，是北印度迦濕彌羅國有名的佛法大師，擅長因明理論。

據《因明入正理論後序》、《因明入正理論疏》卷上記載，當我國唐代著名法師玄奘不遠萬里西行求法時，在迦濕彌羅國佛法大會上遇到僧迦耶金，僧迦耶金對玄奘淵深的佛學修養非常讚賞，並在因明方面熱心幫助玄奘，爲他詳細講解詮釋，使玄奘心中疑惑不解之處皆渙然冰釋。

教說常住尊者，爲說法尊。他不但具有憐憫之心，還有慈悲利益萬物之志，爲不讓衆生陷入世俗之煩惱，立志要用自己的所有智慧使衆生獲得佛果。

大乘佛教主張，僧人除了求得自身的解脫外，還須廣施慈悲，使世間衆生也獲得解脫。其八正道之第四修行法爲「正業」，即要修行佛法的人不失時機地教化世間的一切衆生，幫助他們脫離世俗的憂煩苦惱，皈依佛教，昇往極樂世界。《華嚴經探玄記》卷十二有「說法尊」，此尊具憐憫之心，有慈悲利益萬物之志，不忍讓衆生陷於世俗的憂煩，立志要用自己的所有智慧使衆生獲得佛果。因此，他常住於世間，爲大衆講說佛法。

商那和修尊者又稱舍那婆斯，印度摩突羅國人，姓毗舍多，在胎六年而生，與末田底迦爲阿難兩大弟子，被禪宗尊爲西天二十八祖之第三祖。佛教第一次結集時，受阿難指派，往古印度中部地區弘揚佛教。

據説，當年佛祖行化至該國，見一青樹林，枝葉茂盛，便對阿難説：「吾滅度後一百年，有比丘商那和修，於此地轉妙法輪」，百年後果然應驗。阿難臨入滅時，將正法眼藏傳給他。

商那在梵語中意爲麻衣，據《景德傳燈録》卷一、《付法藏因緣傳》卷二等載，商那和修出家前經常用商那草織成衣服，於解安居日向衆僧布施。出家後，師從阿難，在阿難處受八萬四千法藏，悉憶持之，又遊化諸方，於摩突羅國曼陀山降伏兩條火龍歸順佛教，並在火龍的部分土地上建造梵宮讓僧侣居住，至黑罽賓現龍奮迅定等五百三昧，化度優波鞠多及其弟子，後飛騰虛空作十八變，而入涅槃，時爲到周宣王乙未年。又彼由前生願力，於出母胎至入涅槃期間，常著商那衣，未曾脱下，因而得名。

達摩波羅尊者

達摩波羅，譯作護法。六世紀印度達羅毗荼國建志補羅城人，爲該國大臣之子。印度十大論師之一。

尊者自幼崇信佛法，在數百里外的寺院出家爲僧。據《大唐西域記》卷五載，當時佛教衰微，國王崇奉外道，特地請來一位外道論師與寺中衆僧進行辯論，如果外道論師獲勝，將禁止佛教流行。衆僧害怕失利，無人出場。值此危難之際，尊者挺身而出與外道辯論，一舉獲勝。結果使外道論師皈依佛教，進一步擴大了佛教的影響。尊者博學弘遠，與清辨菩薩争論有空的含義，做世親菩薩唯識論三十頌的解釋，而弘揚其正宗。極大乘佛教瑜伽唯識之旨，被視爲印度佛教十大論師之首。曾主持印度那爛陀寺，玄奘曾經師從他的弟子戒賢學習。

伽耶伽葉尊者又作竭夷迦葉、伽耶迦葉簸，中印度摩竭陀國人。

伽耶城意爲象城，位於尼連禪河邊，離菩提道場不遠。據《法華經・涌出品》記載：「如來爲太子時，出於釋宮，去伽耶城不遠，坐於道場，得成阿耨多羅三藐三菩提」。伽耶迦葉一直在此城修道，因而得以爲名。根據佛教傳說，伽耶迦葉原爲外道論師，崇拜火，收有五百弟子。與兄優樓頻螺（即第十四尊者）、弟那提迦葉（即第十六尊者）合謀陷害釋迦牟尼不成，乃知佛法宏大，率弟子皈依，終修成正果。

定果德業尊者

定果德業尊者因以修禪定而生出一切功德，故號定果德業。

尊者師從諸佛賢聖，學修禪定。通過修禪而收聚散亂的情感思緒，清凈心性，去除障礙，觀照事理，見性悟道，進而觀現佛的真智，使自己的心智與佛的真智融爲一體，普照萬物，讓自己的俗身轉化爲法身，隨心所欲的變化出種種形象。以修得的智慧與神通普濟衆生，建立無量功德。

其建立的所有功德，皆源於禪定。

莊嚴無憂尊者

莊嚴無憂尊者，爲佛祖弟子。

在佛教經典中，「莊嚴」具有十分豐富的內涵，一是具德義，一是衣飾義。也就是説，以善美飾國土，以功德飾衣身曰莊嚴。尊者達到了莊嚴與無憂的統一。其佛性的修煉達到了完善的境地。其中最常用的是裝飾美盛、端正尊嚴之義。端正尊嚴不僅體現在外在的形象上，更重要的是指內在的品德，內由外顯，衹有具備高尚的品格，纔能真正呈現莊嚴的面相。「憂」是指憂愁煩惱，這是應該加以摒弃的，否則就會如《智度論》卷二所説，「心没憂海，不能自出」。尊者刻苦修習禪定，不僅自己擺脱俗世的憂惱，還盡力將衆生之心從「憂海」中拯救出來，他莊嚴的面相正是爲了向衆生昭示擺脱憂惱之後的静謐平和的心理境界。

五百羅漢第二十九尊

憶持因緣尊者即僧護，爲舍利弗弟子。

據《因緣僧護經》記載，有五百商人崇奉佛教，出海貿易時將僧護邀請到商船上，以便在航程中爲衆人講經。他講經的聲音驚動了海龍王，龍王遂祈請他到龍宫爲龍子講經，他應邀入海，爲龍子講解《四阿含經》。商船返航時龍王父子將他送回航船，同回大陸。將近海岸時，僧護又與五百商人失散，於是隻身來到地獄，歷見五十三地獄，見衆生隨各自的罪業而受苦，之後，他又來到五百仙人處，將地獄衆生超度離開苦難境地。回來向佛陀求問答案，佛陀給他講解了因緣善惡之道，尊者牢記在心，並廣爲大衆解説，得證阿羅漢果。

迦那提婆尊者

迦那提婆尊者，爲龍樹弟子，被禪宗尊爲第十五祖。迦那，一目之意。迦那提婆，意譯作單眼提婆。又作提婆、聖提婆、聖天。

據《傳法正宗記》卷三載，尊者乃公元三世紀左右人，爲南天竺婆羅門出身，或稱爲執師子國人。博識淵覽、才辯絶倫。曾經挖鑿大自在天金像的眼睛，後又自己挖雙眼以回施大自在天，故以爲名。初拜見龍樹，龍樹令弟子以滿鉢水放在他身前，尊者即以一針投入水中，兩人欣然契合，出家爲龍樹弟子，以智辯著稱。後遊歷印度各地，大振破邪之劍，調伏外道，度人百多萬。後以構怨，爲外教之徒所刺，遺偈：「諸法本空，無我無所；無有能害，亦無受者。」《寶林傳》卷三、《祖堂集》卷一、《景德傳燈録》卷二等，亦載其事跡。著有《百論》二卷、《廣百論本》一卷等。

破邪神通尊者，名跋陀羅縷支，意譯爲賢愛，西印度人，以其摧毀和戰勝外道的邪論而受人尊敬。

尊者對論法透徹貫通，學風淳樸，戒行嚴格，且心懷慈悲。當時，摩臘婆國有一大曼婆羅門，遍覽群書，通曉各種宗教理論，他有弟子數千，受到本國國王的敬重，國中百姓也不敢怠慢。然而大曼婆羅門詆毀佛教，並辱慢佛祖釋迦牟尼雕像。跋陀羅縷支尊者聞知此事，便長途跋涉，找婆羅門辯論是非。摩臘婆國王主持論場，他理正法圓，清辯若流。大曼婆羅門理屈詞窮，辯論失敗。按理辯論失敗者當依法處斬，尊者以慈悲爲懷，請求國王赦免其罪。國王免去死罪，下令其騎驢遊城，以宣告他辯論失敗。大曼婆羅門當衆受辱，憤郁而吐血。據《大唐西域記》卷十一載，尊者聽到婆羅門患病，前去安慰探望，大曼婆羅門仍執迷不悟，破口大罵，並誹謗大乘佛教。這時，天地憤怒，大地開裂，將大曼婆羅門從地穴墮入十八層地獄。從此，人們便稱尊者爲破邪神通尊者，深受世人的尊敬。

堅持三字尊者

堅持三字尊者即晋代僧人慧遠，俗姓賈，雁門樓煩（今山西省寧武附近）人。三字即「阿彌陀」，意譯「無量壽」。

相傳尊者生於仕宦之家少時即隨舅父令狐氏博覽六經，初研習儒家經典，尤善《老子》、《莊子》。後慕名投奔著名僧人道安，並拜其爲師。聽道安講解《般若經》後，豁然開悟，領會了大乘佛教奧旨。由於當時襄陽發生兵亂，慧遠辭别道安，准備遠赴印度。行至廬山，見廬山風景清幽，足以修身養性，非常喜愛，便居住下來。開始住在西林寺，後來因弟子日益增多，刺史桓伊又爲其修建了一座東林寺，以後一直没有離開，著名典故「虎溪三笑」即發生於此。

堅持三字尊者最主要的貢獻是創立了佛教净土宗。倡導彌陀净土法門，宣稱專念阿彌陀佛名即能往生净土。奉行念佛三昧，即以修定坐禪，息心忘念，心注西方，觀想念佛，爲通往西方净土的修行方法，被尊爲净土宗初祖。此法修行簡便易行，並弘傳至海外，現日本净土宗亦以尊者爲始祖。八十三歲時圓寂，著有《法性論》等佛教巨著。

五百羅漢第三十三尊

阿菟樓馱尊者

阿菟樓馱尊者，又作阿那律、阿泥菟姓釋迦氏，系甘露飯王之子，佛祖的堂弟，是佛祖釋迦牟尼的十大聲聞弟子之一。阿樓馱，意譯如意無貪。

據佛典記載，阿菟樓馱曾在過去施捨了一頓飯給辟支佛，從那時起，五十年間他享受了天上無數之福。後來降生爲甘露飯王之子，佛祖得道成佛後，他出家爲僧，學習佛法。然而出家之初，仍不改世俗習慣，貪睡晚起，受到佛祖訓斥。阿菟樓馱聽到指責後，發奮努力，堅持七日七夜不睡眠，致使眼睛一度失明。從此以後，他勤奮努力，始終跟隨佛祖身旁，並具有天眼的神通。據說，他的眼睛具有超越他人的洞察力，能看到世間衆生的生死、過去和未來。

鳩摩羅多尊者

鳩摩羅多尊者，又稱拘摩羅多、鳩摩羅陀，意譯爲意受、童首、豪童、童子。北印度怛義翅羅國人。被伽耶舍多剃度出家並付正法眼藏，被禪宗尊爲西天二十八祖之第十九祖。

據《付法藏因緣傳》卷六記載，鳩摩羅多尊者自幼聰穎異常，具備慧根，有「美名童子」之稱，後出家從僧伽耶舍受法，長大後勤學多思，精通佛理，著述豐富，作有《日出論》、《結發論》、《喻鬘論》、《痴鬘論》、《顯了論》等數十部論著，廣爲流傳。被當時的人們尊稱爲「日出論師」，與馬鳴、龍樹、提婆並稱爲「四日照世」。

毒龍皈依尊者

毒龍皈依尊者，本名瞿波羅，意譯爲牧牛人。

據《大唐西域記》卷二記載，佛祖釋迦牟尼在世時，古印度那揭羅曷國有一牧牛人，每日向國王供應乳酪，一次獻乳酪時有失禮儀，遭到國王的譴責。牧牛人心懷憤恨，供奉鮮花祈禱神靈，發誓來生變成龍王，摧毀京城，殺害國王及其臣民。誓畢以頭觸石，氣絕身亡。不久牧牛人轉生爲大龍王，住在那揭羅曷城西南石嶺的洞穴裏。當龍王想飛出洞穴，以報前生的惡願時，佛祖已在遥遠的中印度鑒知毒龍的惡意，深恐城中百姓遭到厄運，便運用神通法力，瞬間來到龍洞前，龍王見到佛祖，惡毒之心頓時化爲烏有。龍王皈依佛教，受佛戒，並發誓永不殺生，扶持佛法，供養佛陀弟子。佛祖又施神力，將自己的身影留在龍洞石壁上，對瞿波羅說：我的影像具有慈悲神力，當你憤怒而毒心萌動時，静觀影像，毒心自然消失。據說石壁佛影已成爲佛教聖跡，獲阿羅漢果。

同聲稽首尊者

同聲稽首尊者，因德行而得名。所謂同聲稽首，即一邊稱頌佛陀名號，一邊行稽首禮。稽首是梵語畔彈南（音譯也作婆南、伴談、伴題、槃那昧等）的意譯，也譯作敬禮、禮拜、歸命，即以頭觸地表示極度禮敬。

據說同聲稽首尊者深知自己既生爲凡夫，或因三業而生罪，或從六根而起過，或以內心自邪思惟，或藉外境起於染著，罪過無量，決心徹底懺悔，禮敬三寶，廣植福田。他不分日夜，口念佛號，身作稽首，終於消除了所有的罪過，修成羅漢果。正如《修行道地經》卷一所說：「佛之清潔無所著，是故稽首歸命尊。」

五百羅漢第三十七尊

毗羅胝子尊者

毗羅胝子尊者，名剮闍夜，毗羅胝是尊者母親的名字。是古印度苦行六外道之一，所以祇稱其母名。

佛教認爲，世間衆生的一切苦樂，都是過去世的因果報應，如果世間的人不做惡事，也不做善事，轉生到未來世就沒有苦樂的區別，現在持戒修行，轉生到未來世就不會受苦。多數佛教徒主張通過方法與智慧求得解脱，認爲苦行無益於身心，故將苦行視爲外道。據《大方廣佛華嚴經隨疏演義鈔》、《維摩經·弟子品》等載，尊者爲外道六師中之第三師，主張解脱的方法要順其自然，既然以前做了惡事，就要接受苦果的報應，待八萬劫苦受盡，自然就獲得解脱。這個道理如同一隻綫球到了盡頭，旋轉會自然停止一樣。後來剮闍夜皈依佛教，修成阿羅漢果。

五百羅漢

伐蘇蜜多尊者又稱作筏蘇蜜咀羅、婆須蜜等，全名世友，爲與天爲友之意。姓頗羅墮，北天竺國人。佛滅後四百年出世，是娑婆四評家之一。

相傳從前尊者常穿著干净衣服，手執酒器，在大街遊蕩，或吟或嘯，被大家稱爲狂人。有一日，西天二十八祖之第六祖彌遮迦宣揚佛法來到此地，伐蘇蜜多手執酒器迎上前問道：大師從哪來？要到什麼地方去？想住在哪裏？然後又問：大師認不認識我？彌遮迦道：我不識你，如認識就一定不是我。彌遮迦又告訴伐蘇蜜多說：我老師提多迦說，佛祖釋迦牟尼在北印度時，曾告訴阿難，在他後三百年，此國會出現一聖人，姓頗羅墮，名婆須密，而於禪祖當獲第七。佛祖記得你說明你與佛有緣，你應當出家。伐蘇蜜多於是扔掉酒器出了家，四處雲遊，宣揚佛法。行至迦摩羅國時，遇到佛陀難提，將其剃度，並付正法眼藏於他，其終成正果。

粉彩瓶

闍提首那尊者

闍提首那尊者爲古印度外道十大仙人之一，入山苦修，獲得外道果位，具有五種神通力。

據《成唯識論了義燈》卷二本、《慧琳音義》卷二十六等載，闍提首那曾造《三彌叉論》。三彌叉意譯爲「觀察」，又稱二十五諦，按照二十五諦修煉，以求獲得智慧。執著涅槃是無常，所説屬於邪見外道。據《涅槃經》三十九載，佛陀與尊者論議二十五諦與佛法的優劣，尊者理屈詞窮，攝服於佛法的博大宏深，當即剃髮爲僧，皈依佛教，成爲釋迦牟尼的弟子。後傾心聆聽佛的教誨，獲羅漢果位。

僧法耶舍尊者，即僧邠耶舍，意譯衆稱，又作伽耶舍多、僧邠耶奢。著名論師，爲僧伽難提之弟子，鳩摩羅多之師，西方二十八祖之第十八祖。

根據禪宗排列的西天傳法世系，十六祖羅睺羅傳十七祖僧伽難提，僧伽難提傳十八祖伽耶舍多，伽耶舍多傳十九祖鳩摩羅多。但也有另外的說法，即十八祖爲僧邠耶。《摩訶止觀》卷一云：法付羅睺羅，羅識鬼名書，降伏外道；法付僧邠耶奢，奢遊海見城說偈。據《止觀輔行傳弘決》卷一之一：「法付僧邠耶奢，奢游海畔，見有一城，詣城乞食，而說偈云：『行爲第一苦，饑爲第一病，若能見法寶，則得涅槃道。』城主於是請進與食。因見二鬼，昔是兒婦，由彼慳貪，我乃誓云：見汝受報。復見一城，共食齊整，食竟即以其鉢相擲，火起燒身，於客惜食，故致斯苦。」尊者是一位雲遊弘揚佛法的高僧。

五百羅漢第四十一尊

尊者梵名叉底俱舍，密號悲願金剛，獲菩薩果位。因其安忍不動如大地，静慮深密如秘藏，故又稱地藏菩薩。

相傳佛祖釋迦牟尼曾要求尊者，在其滅度後彌勒降生前這段時間内，負責解救世間疾苦。於是地藏菩薩發下誓願，要在普度六道衆生至極樂世界後，自己才成佛。從此，地藏菩薩在每天清晨太陽昇起的時候，修恒河沙禪定，在禪定中觀察十方諸佛國，引導教化一切衆生，拯救他們出苦難，滿足他們的心願，使他們獲得平安與快樂。

中國佛教寺院中，一般菩薩爲天人相。而地藏菩薩則多爲光頭或是頭戴毗盧冠、身披袈裟的出家僧形。今中國安徽九華山是其説法的道場，並因此成爲與普陀、五臺、峨眉齊名的中國佛教四大名山之一。爲了使衆生能深信因果，尊敬三寶（即佛、法、僧），地藏菩薩在無佛的「五濁惡世」（即劫濁、見濁、煩惱濁、衆生濁、命濁）中濟渡衆生。從古到今人們對地藏菩薩的信仰，在民間廣爲流行。每年農歷七月三十，是地藏菩薩誕辰之日，前往寺院朝拜的佛教徒摩肩接踵，絡繹不絶。

獻華提記尊者

獻華提記尊者，因德行而得名。獻華，即獻華座印。

據《立印軌》介紹，此種手印「名曰金剛蓮花，定慧鞭蓉合，水（無名）火中俱散開，猶如蓮花葉，二風頭屈附火初節之側住，奉諸佛菩薩」。提記，即授記，亦即佛對發心之衆生授與將來必當作佛之記別。獻華提記尊者對佛法信仰堅正，每日皆結跏趺坐，以獻華座印言禮敬諸佛授記，將來必當爲佛。

五百羅漢第四十三尊

眼光定力尊者

據說眼光定力尊者能眼放光明，遍觀十方世界。其目光所觸，使愚者生智、痴者化慧，破除世俗的憂愁、煩惱及憤怒等種種亂想，使善良衆生入於清净福德之道。眼光定力尊者既能施惠於芸芸衆生，亦能清除世間邪惡，其灼灼目光能摧除惡魔、降伏惡鬼、令外道皈依，惡跡昭著者心生恐懼，大慚大愧而痛改前非。

伽耶舍那尊者，即伽耶舍多，摩提國人，姓郁頭蘭，爲西天二十八祖之第十八祖。伽耶，仙人名；舍那，即盧舍那佛身之意。伽耶舍那，意即（毗）盧舍那佛之尊身。

據説其母夢大神持鑒而孕，凡七日而生，肌體瑩如琉璃，自然香潔。西天二十八祖之第十七祖僧伽難提率徒衆行化至此，忽有凉風吹來，令人身心非常悦適，僧伽難提説：「此道德之風也，當有聖者出世，嗣續祖燈乎！」於是和徒衆在山谷中尋覓，找到了手持圓鏡的伽耶舍多。出家後，一次聽見風吹銅鈴聲，僧伽難提問：「鈴鳴耶，風鳴耶？」答：「非風非鈴，我心鳴耳。」問：「心復誰乎？」答：「俱寂静故。」僧伽難提遂付正法眼藏與他，説偈曰：「有種有心地，因緣能發明。於緣不相礙，當生生不生。」説完踴身虛空現十八種神變，化火光三昧自焚其身。衆以舍利起塔供奉。尊者惡業滅盡，功德圓滿，得阿羅漢果。

莎底苾蒭尊者，莎底，意譯吉祥，苾蒭，即比丘。

相傳，釋迦牟尼住在舍衛國祇樹給孤獨園時，有一新出家不久的比丘名莎底，爲園內僧衆燒水沐浴。據《佛説大金色孔雀王咒經》載，當吉祥(即莎底)劈柴時，有一條黑色大蛇從朽木的孔穴中竄出，咬傷吉祥比丘右脚拇指，蛇毒沿血脉向全身四溢，莎底兩眼上翻，口吐涎沫，昏絶於地。尊者阿難見狀惶恐，急往佛祖處請教解救方法。阿難以額着地，向佛行禮，説明來由。佛祖釋迦牟尼告訴他，我有大孔雀明王咒，威力極大，能除一切諸毒、灾難、恐懼、煩惱，保護世間一切有情衆生，使之獲得安樂。於是將咒語授予阿難。阿難依法救治吉祥，吉祥獲救，潛心學佛，終得正果。

波闍提婆尊者

波闍提婆尊者，又稱作波粟濕縛、波奢等，其本名爲難生，通稱脅比丘或脅尊者。中印度人，被禪宗尊爲西天第十祖。

根據佛教傳説，尊者在母胎中呆了六十年，將誕生時，其父夢一白象背有寶座，座上安一明珠，從門而入，光照四衆，醒來尊者正好出生。禪宗西天二十八祖之第九祖伏陀蜜多游化至此，其父携他前往致禮説：「此子處胎六十歲，因號難生，復嘗會一仙者，謂此兒非凡，當爲法器。今遇尊者，可令出家。」伏陀蜜多遂將其剃度。他隨師修行，未嘗睡眠。波闍提婆率徒游化，至華氏國，在一樹下小憩，以右手指地説：「此地變金色，當有聖人入會。」語畢，地果變金色，適逢富那夜奢前來，尊者即將其剃度，並付於正法眼藏，偈曰：「真體自然真，因真説有理。領得真真法，無行亦無止。」説畢即現神變而入涅槃，化火自焚，徒衆各以衣襟盛舍利，隨處興塔供養。據北傳佛教載，他在膩色迦王時曾發起五百僧人在迦濕彌羅舉行第四次結集。

五百羅漢第四十七尊

解空無垢尊者

解空無垢尊者，名無垢光菩薩，又稱無垢光童子，密號離塵金剛，居胎藏界文殊院，是文殊菩薩的使者。

相傳文殊菩薩有八大童子作爲眷屬，每一童子都具備文殊菩薩一種品行，無垢童子顯文殊菩薩之空智，身無垢染而大放光明。文殊菩薩具有一切佛的智德，同時可入無相智慧三昧，此智慧三昧所增益之智慧爲諸菩薩中被稱爲智慧第一。無垢光菩薩作爲文殊菩薩的空智使者，以文殊特有的智能斷除衆生的煩惱，引導過去、未來、現在一切衆生開空慧道、入法明門。

伏陁蜜多尊者

伏陁蜜多尊者，又作伏馱蜜多等。提伽國人，姓毗舍羅。

根據佛教傳説，伏馱蜜多年至五十，口未曾言，足未曾履，西天二十八祖之第八祖佛陀難提率領徒衆行化到此，見其家屋上有白光上騰，便説：「此家當有聖人，口無言説，真大乘器，不行四衢，知觸穢耳。」伏馱蜜多見到佛陀難提，便起身禮拜，説偈曰：「父母非我親，誰是親者，諸佛非我道，誰爲最道者。」佛陀難提亦以偈相答，伏馱蜜多聽後便行七步。佛陀難提對其父説：「此子昔曾值佛悲願廣大，慮父母愛情難捨，故不言不履耳。」其父遂令出家，佛陀難提付與正法眼藏。伏馱蜜多既受咐囑，四處行化，至中印度，遇脅尊者，即與落髮授戒，後又付正法藏與他，説偈曰：「真理本無名，因名顯真理。」

五百羅漢第四十九尊

富那夜舍尊者

富那夜舍尊者，古印度華氏國人，姓瞿縣。脅尊者之弟子，馬鳴之師。爲西天二十八祖之第十一祖。

相傳其父寶身，虔誠崇奉佛教。富那夜舍受父親的影響，熟悉佛教理論及各種戒律。一日，佛教十祖脅尊者初遊華氏國，與弟子在一樹下休息，突然以手指地，對衆弟子説：這塊土地將變成金子的顏色，預示這裏有一聖人加入我們的僧團。言語未了，土地即變成金色，富那夜舍合掌在脅尊者面前，説道：「我心非往尊者，我心非止尊者，我心不定，諸佛亦然。」尊者聞言大喜，當即度富那夜舍出家爲僧，又將隨身所帶的法器交給富那，説道：「佛祖如來的大法藏，今天我已傳給你了，你要誠意愛護，勤奮修念，傳給後人要慎重。」傳法畢，脅尊者化火自焚，富那夜舍成爲佛教第十一世傳人，之後，富那將法藏傳給馬鳴尊者。

伽耶天眼尊者，因德行神通得名。

據說佛教將眼分爲五種：一肉眼，內身所有之眼；二天眼，色界天人所有之眼，人中修定可得之，不問遠近內外晝夜，皆能得見；三慧眼，謂二乘之人，照見真空無相之理之智慧；四法眼，謂菩薩爲度衆生照見一切法門之智慧；五佛眼，佛陀身中具備前四眼者。伽耶天眼尊者即通過修持禪定而得天眼通。據《智度論》卷五云：「天眼所見，自地及下地六道中衆生諸物，若近若遠，若粗若細，諸色莫不能照。」可見伽耶尊者，不僅能於任何時候照見任何物體，還可瞭知衆生之生死輪回。

不著世間尊者，名虛空無邊游步金剛。

據說世間諸佛是經長期修行，積纍功德，當功德圓滿時才能獲得佛的果位。諸佛修行初期，也有無數心障煩惱，修成正覺，獲得佛果，而諸佛原來的種種煩惱則轉化成勇健菩提心。虛空無邊遊步金剛是因感恩諸佛的勇健菩提心化生而成，呈現暴怒可怕之兇相。此尊者以大威大智降伏一切難以降伏的邪惡，叱吒一聲可使三千大千世界震蕩不安，橫眉怒目會使群魔束手，兇鬼斂跡，大惑魔主也因其威懾而屈身歸服。尊者的暴怒專爲摧毀邪惡，而世間善良衆生可因此而安樂吉祥。

解空第一善吉

解空第一尊者，本名須菩提，又稱空生。古印度拘薩羅國舍衛城人，屬婆羅門種姓，是佛陀在世時著名十大弟子之一，被稱爲「解空第一」。

相傳尊者出生於舍衛國一個婆羅門家庭，其父鳩留富有無比。惜年老而膝下無子。鳩留每天虔誠地祈禱諸佛，一天突然空中顯現一位天神，對他說：「你當得福子，不久有一天王奉命將投胎長者家。」後來其妻果然懷孕，取其「善現」、「善見」、「善吉」、吉祥之意，爲其取名須菩提。因生其時家中倉庫筐篋器皿皆空。問占者，占者言「吉」，因而又稱空生。尊者自幼聰慧出衆，但性情暴躁，所見人畜皆嗔罵。後離家入山，見山中鳥獸、風吹草動，仍嗔罵不止。後隨山神見佛陀。其時佛陀於祇園精舍講法，他當下睹佛相而生歡喜心。佛祖爲他演説嗔怒果報之苦，尊者聞法後皈依佛門。根據佛經記載，須菩提空智遍明，對空有着獨特的體悟和透徹的理解，能在石室中見到佛陀的法身。一次，有人問他是誰，尊者回答説：「我是世間人假立名稱爲須菩提的那個人。」他經過多年精進修習，終獲阿羅漢果。

五百羅漢第五十三尊

羅度無盡尊者，名阿差末底，意譯無盡意，密號定慧金剛、無盡金剛，獲菩薩果位，賢劫十六尊之一，居於東方不眩國普賢如來之世界。

尊者爲密教金剛界曼荼羅三昧耶會外壇北方五尊中西端之菩薩。此菩薩因觀一切事象之因緣果報皆爲無盡，而發心上求無盡之諸佛功德，下度無盡之衆生，故稱無盡意菩薩。據説佛祖釋迦牟尼在寶莊嚴堂爲衆菩薩及衆弟子講説《大集經》，無盡意菩薩聞訊趕來聽經。無盡意雖居菩薩位，但是佛理高深，應釋尊及諸弟子的邀請，爲衆講説八十無盡意法門，其内容被寫成文字，被稱作《無盡意菩薩經》。此經的主要内容是：捨棄世俗的恩恩怨怨，進入空空寂寂的境界；舍棄世俗的造作，依從佛教的無爲，從空寂與無爲終求得涅槃。無盡意法門廣德無量，佑利衆生，度無數有情離諸垢染。

金剛破魔尊者

金剛破魔尊者，因德行法力而立名。

金剛，金中最剛，佛教中用以譬喻牢固、鋭利，能摧毀一切的智慧。破魔，即破滅四種之惡魔：一煩惱魔，貪、嗔、痴諸煩惱能損害身心，故名魔；二五衆魔，色、受、想、行、識五蘊能生種種苦惱，故名魔；三死魔，能斷人之命根，故名魔；四他化自在天魔，即欲界第六天之魔王，能害人之善事，故名魔。

尊者經過長期苦修，心性智慧堅如金剛，四魔不侵，魔根斷絕。能用佛性佛理破除四種魔障，提高人們的覺悟，達到行佛教化衆生之目的。

五百羅漢

粉彩瓶

五百羅漢第五十五尊

願護世間尊者，爲護世四大天王之一。

佛教認爲，宇宙有三千大千世界。大的世界内包含無數個小世界，小世界的數目就像恒河沙粒一樣多的不可數。每個小世界内都有一尊佛主宰，它以須彌山爲中心，四周是大海，海的四面各有一洲，東面叫東勝神洲，南面叫南瞻部洲，北面叫北俱盧洲，西面叫西牛賀洲。須彌山的半山腰又有一山，名犍陀羅，犍陀羅有四個山峰，每一山峰住一護世天王，每個天王各率二十八部衆鎮守一方。若有兇神惡鬼殘食世間衆生，天王便率本部神兵神將前往剿滅，保護世間衆生，使他們不受迫害。

五百羅漢

粉彩瓶

056

無憂禪定尊者，因德行立名。無憂，即破除了憂愁煩惱。人生在世，往往不能擺脱貪、嗔、痴的影響，生出無窮煩惱。

佛教認爲，修習禪定能除去煩惱。禪定，即止一處而拂去妄念。禪定有四種，由淺入深，亦稱四禪：初禪脱離欲惡不善法，可感覺到離開欲界的喜和樂，但心中仍有尋（覺）、伺（觀）；至二禪時，尋、伺斷滅，達到内等净，得定生喜樂，即所得喜樂是對禪定自身的感受；三禪捨去二禪之喜樂，往往非苦非樂的行捨境界，修成正念、正如，産生離喜妙樂；四禪達致清净和念清净，即捨去三禪的妙樂，唯念修養功德，住於不苦不樂的境界。

尊者通過循序漸進地修習禪定，徹底離弃諸種憂惱，不苦不樂，終成阿羅漢。

無作慧善尊者，即無作菩薩。

「無作」是佛教爲人處世的規範之一，本世不做惡事，來世就聰慧善良。無作的內容有三項：一曰身無作，要愛護世間的一切生命，不做任何有損於生命存在的事，否則就是罪惡；二曰口無作，不説污穢的語言；三曰心無作，心要清净，排除對財物及感情貪戀，消除對他人的怨恨，也不要因爲任何不順心的事而萌生憤怒。身、口、心以「無作」爲本，一切都改惡從善，來生就不會有苦果的報應。據《大方廣菩薩藏文殊師利根本儀軌經》卷一載，尊者以佛教無作、無用、無受、無智、無慧的規範教化衆生，做出無盡的功德事業。

十劫慧善尊者，因德行立名。

劫，意爲極久遠的時節，《智度論》卷五云：「四十里石山，有長壽人，每百歲一來，以細軟衣拂拭此大石盡，而劫未盡；又四十里大城滿芥子，有長壽人，每百歲一來，取一芥子，芥子盡而劫尚不盡。」慧，指分別事理，決斷疑念之心理作用，《俱舍論》卷四云：「慧謂於法有簡擇。」《大乘義章》卷二十云：「真心體明，自性無間，目之爲慧。」善，與惡相對，《大乘義章》卷十二曰：「順理名善，違理名惡。」

十劫慧善尊者自强不息，經歷十劫，慧善日增，證得阿羅漢果。也就是説尊者之所以具有極高的智慧和慈悲的品德，是經歷了極長的時間才獲得的，所以説佛濟世度人的事業是永恒的，不可變易的。

五百羅漢第五十九尊

栴檀德香尊者

栴檀德香尊者，即栴檀德佛。

佛教以救苦救難爲大德。佛教經典《觀虛空藏菩薩經》記載有栴檀德佛，因其德之馨，像蓮花一樣清香，所以又稱爲栴檀德佛。栴檀德佛主能救世間的一切苦難。如果身患各種疾病和痛苦的人們，在栴檀德佛前述說自己種種的病痛，或者將醫生所開藥方告之，疾病便可痊愈。世人如果想獲得超人的智慧，想使自己的手藝精巧過人，想使自己的子女健康，想對寺院有所施捨，想無惡而增加財產，想脫離各種罪惡與災難，想清除憂愁與煩惱，想健康長壽，想家庭美滿，衹要雙手合十，誠心誠意地向栴檀德佛禮拜，即可滿足你的心願。

五百羅漢

粉彩瓶

金山覺意尊者，爲佛陀弟子。金山，比喻佛的身體如同金山。

在佛教經典中，佛陀有時被稱爲金山王，意即金山中之勝妙者。《往生要集》云：「遥以瞻望彌陀如來金山王。」有時也直接以金山比喻佛身，像《法華經序品》中所曰：「身色如金山，端嚴甚深妙。」

由於金山覺意尊者常在佛陀身邊聆聽妙法，有和佛祖一樣的覺悟，能摒弃人世間的一切煩惱，一心一意修習佛法，遵守佛祖教導，因而終獲阿羅漢果。

五百羅漢

納吉祥

061

五百羅漢第六十一尊

無業宿盡尊者，唐代著名禪師，法號無業，上洛（陝西商洛）人，俗姓杜。

相傳，尊者少小出家，聰慧過人，很快就能暢讀華言、法華諸經，十三歲爲衆講經，世稱神童。無業成年後譽稱海内，然而尊者視名譽如垢染，畏而遠之，唯求佛道精進。他長途遠涉，去江南拜訪當時的名僧玄素，盡學其教法，然後遊訪長安。長安衆僧敬仰其名，想推舉他爲「西街大德」（僧官），無業聽説此事後，當即離開長安，北遊上黨。駐上黨節度使李抱真依佛教禮儀接待他，請教佛法的要領，心生敬意，想請他主持當地的教務，無業又離開上黨，居於汾州開元寺。唐憲宗曾兩次召他進京，他都予以謝絶。長慶元年（公元821年），唐穆宗備禮致聘，使者再三催促，無業見無法推辭，決定離開世間，昇往净土，便笑着對使者説：「行即行矣！」當天夜晚，端坐而化。穆宗得知無業示寂，不勝哀惜，封其爲國師，謚號「大達禪師」。

摩訶刹利尊者，即經刹利賢者。

據《佛説無量清浄平等覺經》卷一記載，當佛陀釋迦牟尼在舍衛國王舍城説法時，該尊者曾與會恭聽。摩訶刹利尊者歸信佛法，在家修好，精勤不懈，勇猛精進，最終成爲大阿羅漢。

五百羅漢第六十三尊

無量本行尊者，爲阿彌陀佛前世身，阿彌陀佛又稱無量壽佛。本行指菩薩修煉能使自己成佛的方法。尊者原爲國王，後放弃王位，出家修行，法號法藏。

據佛學經典《無量壽經》記載，世自在王佛在世時，有一個王聽佛説法，心懷喜悦，便放弃國王的寶座，出家爲僧人，法號法藏。他曾對世自在王佛發誓説：我要在世間廣泛地宣講佛法，誠心修行，獲得無上正果，當我成佛之後，要救衆生於苦難之中。於是，世自在王佛爲他廣説妙法，法藏聽後獲得大悟，在佛前許下四十八願，待四十八願實現後即可成佛。其中第十八願的内容爲：如果我取得佛的果位，世界上的十方衆生都會得到真正的快樂，降生到我的佛國的大衆，都會得到解脱，降生到我的佛國都很容易，除犯有五逆罪和誹謗佛法的人以外，都可到我的佛國享受快樂。法藏的誓願感動天地，天空爲他飄灑雨花。經歷無數次轉世之後，終於遂願，獲取果位，成爲無量壽佛。

五百羅漢

粉彩瓶

一念解空尊者，即宋代高僧解空。名可觀，字宜翁，號竹庵，江蘇華亭人。生於北宋元祐七年（公元1092年）。法嗣有北峰宗印、神辨清一等人。著有《楞伽説題集解補注》四卷、《山家義苑》二卷、《竹庵草録》一卷。

相傳，尊者好學深思，深信世事皆空、衆生之不二法門，身體力行，並教化衆生。其出家後從車溪擇卿禪師受教，後又於湖州見慧沈法師，雪窗下讀書時悟得「世間文字語言皆糠秕」之旨。宋高宗紹興八年（公元1138年），主持當湖德藏院，至孝守乾道七年秋，應邀移住北禪天臺寺，九月九日入寺，指法座曰：「胸中一寸灰已冷，頭上千莖雪未銷。老步衹宜平地去，不知何事强登高。」聽衆無不悅服。八十九歲時又移住延慶祖庭，不到二年又回當湖竹庵，不久圓寂，世壽九十一，僧臘七十八。圓寂後，焚化日無風無雨，烟所到處皆舍利，衆建塔於德藏院供奉。

觀身無常尊者

觀身無常尊者，觀音菩薩的變化身。

觀世音大慈大悲專門觀察世人苦難聲音，入普現色身三昧示現三十三變化身，即：佛身、闢支佛身、聲聞身、梵王身、帝釋身、自在天身、大自在天身、天大將軍身、毗沙上身、小王身、長者身、居士身、宰宮身、婆羅門身、比丘身、比丘尼身、優婆塞身、優婆尼身、長者婦女身、居士婦女身、宰官婦女身、婆羅婦女身、童男身、童女身、天身、龍身、夜叉身、乾闥婆身、阿修羅身、迦樓羅身、紫那羅身、摩睺羅伽身、執金剛神身。衆生有難，誦其名號，即有相應的化身前往拯救。

千劫悲願尊者

千劫悲願尊者，因德行立名。

劫，在佛教中表示十分長久的時節，《菩薩瓔珞本業經》卷下曰：「譬如一里二里乃至十里石，以天衣重三銖，人中日月歲數三年一拂，此石乃盡，名一小劫；又八十里石，以梵天天衣重三銖，梵天日月歲數三年一拂，名爲中劫；又八百里石，以净居天衣重三銖，净居天日月歲數三年一拂，此石乃盡，故名一大阿僧祇劫。」悲願，是指佛菩薩大慈悲所發的誓願，《唯識論》卷四云：「悲願相應善心。」佛教認爲，悲願就是度人於生死海之船筏，故稱「悲願船。」

千劫悲願尊者久已發無上正等正覺，他悲憫衆生，遂發下弘誓，千劫之中不離世間，以自身大船筏，載衆生脱苦海。

五百羅漢第六十七尊

瞿羅那含尊者即瞿師羅，意爲美音。爲古印度憍賞彌國之長者，乃優填王三大臣之一。

據説尊者身長三尺，佛陀現身爲三尺以化彼，令歸正法。又因尊者家中富有，皈依佛教後，在自家園林建造精舍奉施佛祖及其弟子居住，名「瞿師羅長者園」，佛祖在園中講經多年，著成《唯識論》。據考，其園址現位於今印度朱木那河畔的柯桑村。相傳，尊者於過去世曾轉生爲一隻善良的小狗，以犬聲邀請闢支佛到主人家供食，由此得到善報，世世轉生，聲音美妙，修成羅漢果。

瞿羅那含，又作瞿私羅、够史羅、具史羅。意譯爲音美、妙音聲。

解空定空尊者

解空定空尊者即東晋著名法師僧肇。長安人，俗姓張。人稱「解空第一」。師從鳩摩羅什，是鳩摩羅什門下四哲之一。

尊者家貧，以租書爲業，遂得博覽經史。初喜愛讀《老子》、《莊子》，後因讀《維摩經》感悟而出家。通曉大乘經典及三藏，冠年名聲已震關中。其才思幽玄，精於談論。聽説鳩摩羅什到達古藏（今甘肅武威），不憚路遥，前往從之，羅什視爲奇才。等鳩摩羅什到達長安，乃隨侍羅什入長安，禀姚興之命，與僧叡等於逍遥園禪定經論，解悟彌深，被稱爲「解空第一」。弘始六年，羅什譯出大品《般若經》，尊者乃撰《般若無知論》呈之，頗受鳩摩羅什及慧遠之讚賞。後又撰述《不真空論》、《物不遷論》、《涅槃無名論》，後人題名爲「肇論」行世及《註維摩詰經》十卷等。可惜英年早逝，於安帝義熙十年，爲後秦國主姚興所殺，年僅三十一。

五百羅漢第六十九尊

成就因緣尊者

佛家將善事善報稱爲成就因緣。成就因緣尊者，即超度因緣如來。超度因緣如來，原爲王太子。

據《正法華經》卷四記載，過去有十六個國的王太子，個個聰明智慧，十六個國王都信奉佛教，諸太子也廣行善事，供養無數僧衆，爲世俗大衆作出無盡善業。後來他們一起出家爲僧，尋求無上正果，前去求見佛祖釋迦牟尼，請他講解佛教深奧的道理，希望佛祖以無邊的智慧指出解脱的方法。佛祖以法眼看出他們意誠心慧，便爲他們講解佛法。諸太子聽完講法，心懷歡喜，繼續入静室精思閑定，終於獲得解脱，得菩薩果位。後來，十六太子又都獲得佛位，分别住在世界八方，其中超度因緣如來居於西方，爲衆説法，救護世間，成就諸善因緣。

堅通精進尊者

堅通精進尊者，因德行而立名。堅，指如樹之根株不能拔動。通，指自在無礙之作用。精進，又作勤，指勇猛修善法、斷惡法之心作。

據《唯識論》卷六云：勤謂精進，於善惡品修斷事中勇悍爲性，對治懈怠滿善爲業。《輔行》卷二亦云：於法無染曰精，念念趨求曰進。堅通精進尊者對佛法具有堅定不移的信仰，他艱苦修行，持善除惡，永不松懈，終成正果。

薩陀波倫尊者

薩陀波倫尊者，即常啼菩薩。此菩薩之所以稱爲常啼者，是因爲他見到惡劣世間的人們身受貧苦痨病，苦惱而悲哀哭泣。由於尊者爲了衆生利益，追求佛道，生在無佛的世間，並在空閑林中憂愁啼哭七日七夜，天龍鬼神於是封號他爲常啼。

尊者常以勇猛心，修般若波羅密之行。據《道行般若經》卷九《薩陀波倫菩薩品》載，尊者於夢中聽説東方有般若波羅密的大法，爲求法於是向東行，途經魔所樂國，爲供養他的師長於是賣身，遂過二萬里到達犍陀越國，見曇無竭菩薩而得其法。其中，犍陀越指北印度健馱羅，又《大毗婆沙論》編纂以前，般若流行於健馱羅地方，以此推之，尊者可能是實有其人，於當時從遥遠之印度西方來健馱羅求般若波羅密之法。據《大智度論》卷九十六載，尊者拯救衆生脱離苦海，積難苦之行以求般若波羅密，而被列爲般若守護十六善神之一。

乾陀訶利尊者

乾陀訶利尊者，即佛典中所說的乾陀訶提菩薩。

佛教中關於乾陀訶提的意義，說法不一。《翻譯名義集》卷第一：「乾陀訶提，此去不休自，念念流入薩婆若海，初無休息。」《阿彌陀經要解》：「此云不休息，曠劫修行不暫停故。」《阿彌陀經疏》：「不休息者，即教衆生不絕。」《阿彌陀經通讚疏》卷上：「不休息，即化利有情，更無止息也。」又《阿彌陀經義述》：「乾陀訶提，此云赤色。」《佛說阿彌陀經疏》：「乾陀訶提者赤色。」又《阿彌陀經義記》：「乾陀訶提，翻爲香意。」

由此可見，乾陀訶提是一位永不止息，自我修行，化導大衆的高僧。

解空自在尊者，名字叫不空金剛，祖籍北天竺，先祖唐時率族人乘船航海來中國定居。

尊者自幼聰慧過人，十五歲出家，拜長安大慈恩寺印度名僧金剛智做師父，深受金剛智器重，獲五部三密之法，成爲當時名僧。他佛學博奧，悟解各法沒有疑惑障礙。開元二十九年（公元741年）金剛智圓寂後，爲履行金剛智遺囑，他乘船由廣州去印度，深入探求佛法深奧意義。在印度遊歷名寺，遍訪高僧，天寶五年（公元746年）返回長安受到僧俗的倍加崇敬，親自爲唐玄宗舉行灌頂儀式，並受命還居大興善寺。安史之亂時，長安失守，留在大興善寺的不空常遣派弟子出京師，向唐皇帝問候平安吉祥，唐肅宗也時時派密使來大興善寺，向不空請教佛法的疑惑難題。安史之亂後，不空被授予試鴻臚卿的職銜，將翻譯的七十部佛經進獻給朝廷。代宗大曆九年（公元774年）圓寂。

摩訶注那尊者

摩訶注那尊者，即摩訶注那，又作摩訶朱那等，是佛陀的弟子。

據《四分律》卷第十二載：「爾時釋尊在舍衛國祇樹給孤獨園，與大比丘五百人俱，與中夏安居，盡是衆所知識，如舍利弗、大目犍連、尊者大迦葉、尊者大迦旃延、尊者劫賓那、尊者摩訶拘羅、尊者摩訶朱那……。」

由此可見，尊者是經常隨侍在佛陀左右的大弟子之一，是當時僧衆中聲譽很高的一位名僧。

見人飛騰尊者，即唐代名僧「騰騰和尚」仁儉。

尊者出家後入嵩山修學佛法，數年後悟法得道，身心寂然清净深入禪定，通達各法，明心見性，永斷疑悔，視生死涅槃無有去來。但是他處世坦然，放曠不拘，漂遊在城郊村野，居無定處，被世人稱爲「騰騰和尚」，作有《了元歌》廣行於世。他曾與武則天有過接觸。天册萬歲年中（公元695-696年），武則天訪得他的行踪，召他入宮内詢問佛學奧旨。仁儉仰視武則天很久，對她説：「這就是佛的奧意，明白了嗎？」武后笑答道：「不明白。」仁儉説：「老僧持久守戒不説話，衹適合意會，不適合言傳。」説完轉身就去了。第二天，仁儉進上短歌十九首，大致説了佛教真諦，武后讀後欣然歡喜，詔書命令仁儉住持洛陽福先寺。不久，又失去了他的行踪。

不空不有尊者，考核各史實，實際上没有那個人。

「空」和「有」在佛教中是相對而立的概念。空，指因緣所生的法究竟虚而不實，有如鏡花水月。有，指空並不是龜毛兔角那樣虚無，因此又稱爲假有。據《注維摩經弟子品》曰：「小乘觀法緣起内無真，主爲空義，雖能觀空，而於空未能都泯，故不究竟；大乘在有不有，在空不空，理無不極，所以究竟宛義也。」不空不有才是佛教的「中道觀」，與中土無過無不及的中庸相類似。佛教認爲，一切事物遷流無常，而又相續不斷，才是離開邊見的中道，因此認爲「夫（文言發語詞）法者（助詞，表示語氣停頓），没空没有，不容易使用解釋述説」。

不空不有尊者經過長期禪定觀察知曉，領悟了空的真諦，達到「在有不有，在空不空」的大乘境界。

粉彩瓶

周利盤特尊者，是十八羅漢中的第十六尊。

尊者是佛世時舍衛城一婆羅門之子，後與兄摩訶槃特共同做爲佛陀弟子。因爲前世做僧時精通佛典而秘不傳化，所以轉世後魯鈍無比，凡是學習的教法，隨誦即忘，所以時常被人戲稱做愚路。後得佛陀加以點化，教示以簡短之「拂塵除垢」一語。尊者在每天清掃寺院中深悟「除垢」二字真諦，業障漸除。某日忽然開悟明白，證得阿羅漢果。證悟之後，具大神通，能示現各種形像，嘗顯露大神力爲六群比丘尼說法。

唐代善於繪制羅漢的貫休，曾經替尊者作畫，他的形象是身坐在枯樹中，舉出左手，手指或屈或伸。還有大阿羅漢難提密多羅（慶友）所說《法住記》，將師列在十八羅漢的第十六位，西藏所傳者，則列師在第十一位。

周利盤特，又作周利槃特、周利槃陀伽、注茶半托迦、掉利槃物、周羅般陀，略稱般陀、半托伽。意思譯做小路、路邊生。

五百羅漢

粉彩瓶

瞿沙比丘尊者，是婆娑四評家之一。瞿沙，意譯説妙音、美音。《俱舍光記》二十稱他聲音妙，所以名妙音。

相傳，瞿沙前世是狗，曾經用犬聲將佛請到家中供食，因此善舉，轉世爲人，聲音美妙。阿育王時，他住在菩提樹伽藍中修行。時阿育王的太子拘浪拿雙目失明，瞿沙應邀爲他誦經，太子雙目重見光明，明亮如往日。塑像右手持洞簫狀，正是象征瞿沙美妙悦耳，並且能醫治各種疾病的聲音。

尊者著有《甘露味阿曇論》二卷。

師子比丘尊者

師子比丘尊者，被禪宗尊做西天第二十四祖。婆羅門種姓，爲中印度王子。

尊者博聞强記，聰慧過人。他的父親崇信佛教，由於受到家學的熏陶，尊者自幼立志學佛。一日，佛教二十三祖鶴勒那進宮説法，尊者向他請教如何使用心力學佛，鶴勒那語意玄妙並且引人入勝，講解得非常清楚，尊者的身心當下決心出家做僧人，拜師侍奉鶴勒那。鶴勒那隨即傳正法眼藏給尊者，並預示師子後半生的劫數所在，囑咐他要善自護持，話語完畢，鶴勒那滅度。那個時候，罽賓國有五位修禪僧人，悟性過人，能言善辯。尊者遠遊罽賓與五衆論道，挫敗五僧，令他們折服，由此尊者名聞遐邇。罽賓國有一童子，自降生左手握拳不得伸展，與尊者相見後，拳手伸開，並將握於掌心的後（上古稱君王）顆（圓形東西或顆粒）珍珠（後顆珍珠：圓珍珠王）獻給師子。尊者認定與童子前生有緣，於是將法衣傳給童子，做爲佛教第二十五祖。但最終因爲外教所污陷，被罽賓國王所殺。當地白象山仙人以神力探知尊者被冤，於是建塔禮葬比丘。

修行不著尊者

修行不著尊者，因德行立名。修行，就是按照佛教規定修習戒、定、慧三者，在身、口、意三方面進行修煉。著，就是心情纏綿在事物上而不離開，如愛著、執著、貪著等。

相傳，佛陀在《法華經・方便品》中說：「吾從成佛以來，種種因緣，種種譬喻，廣言演教，無數方便，引導衆生，令離諸著。」《釋門歸敬儀》卷中也說：「著是病本。」可見，修行的首要目的便是破除「著」以拔掉病根。不著，不執着於外部俗事的干擾，心胸開朗，一心行善，方能證得阿羅漢果。

修行不著尊者能通過戒定慧的實踐，對任何事物不執著，心如明鏡止水，所以人們稱他是修行不著尊者。

畢陵伽蹉尊者

畢陵伽蹉尊者，又作畢蘭陀筏蹉、畢陵伽婆蹉、畢陵，佛祖釋迦牟尼的聲聞弟子，雖然皈依佛教，卻很難改掉盛氣凌人的習氣。

據説尊者常到恒河對岸去乞食，每次過河時都對恒河之神説：「小婢子，讓水停一停，我要過河！」河神聞命，分開河水，讓畢陵伽蹉從河水中間徒步過河。但他那盛氣凌人的態度讓恒河之神深感對方無禮，便到佛祖那裏訴説自己的苦衷，佛祖讓其向河神道歉，於是畢陵伽蹉便雙手合十對河神説：「小婢子，別生氣，我向你行禮並表示懺悔和歉意。」衆人對他稱河神爲小婢子的再次失禮捧腹大笑，無奈佛祖對河神和衆人説：「畢陵伽蹉前五百年世轉生在高貴的婆羅門家族，養成了自我傲貴、輕賤他人的壞習氣，他雖然皈依了佛法，但餘習難改，請大家原諒他吧。」直至畢伽陵滅度，他盛氣凌人的壞毛病都未能改變。

摩利不動尊者，因德行立名，爲密教諸尊之一。

摩利即末利，香花。摩利，又作摩梨、摩羅耶、摩羅延，意譯爲除垢，山名，在南印度摩利伽羅耶國。山中出産一種獨特的旃檀香，入此山者身心香潔，故云除垢。《智度論》卷二曰：「如旃檀香出摩梨山，除摩梨山無出旃檀。」不動，菩薩名，譯作不去尊。摩利不動意謂此尊者佛法芳香，爲衆生所親近。

摩利不動尊者經過修行，已鏟除了貪、嗔、痴等毒垢，心性清净香潔，定於一處而不散亂，安穩如山，不爲任何外物所動，遂至無苦無樂的境界，成阿羅漢果。

三昧甘露尊者

三昧甘露尊者，即軍荼利明王，按其梵名本意爲甘露，所以又稱爲甘露軍荼利明王。爲密教五大明王之一。

據《仁王經・奉持品》所云，未來世有五佛主持五方教法，五佛屬下各有一菩薩、一明王，其菩薩是五佛的正法輪身，以佛教正法度化衆生；其明王是五佛的教令輪身，行使佛的教令，摧毀降伏世間的邪惡。甘露軍荼利明王爲南方寶生如來的教令輪身，能示現千手，手執種種金剛器杖，摧毀一切使人産生煩惱與怨恨的兇神及其他一切害人的魔鬼，降伏人身象鼻的毗那夜迦隨魔、人魔、龍魔、金剛夜叉，調伏一切外道及不信奉佛教的人。同時，他還將甘露淋灑向人間，降福於一切佛教修行者，滋養衆生的智慧，使冥闇者變得聰明。

解空無名尊者

解空無名尊者，因德行立名。

佛教認爲所謂空，意爲世界上一切事物皆由因緣而生，刹那生滅，一切皆虚幻不實，衹有理體空寂明凈。解空無名尊者通過對佛藏的研習修持，瞭解了這一道理。並解悟世事之空幻而思考自身之疾苦。對於衆生，他亦關懷備至，没有因爲解悟「空無」而對衆生漠然視之，而是以衆生之苦痛爲己身之苦痛，心存無限哀憫，竭盡全力加以救度。

五百羅漢第八十四尊

古佛難提尊者

七佛難提尊者，亦稱七佛難提。爲佛教第七祖，古印度北天竺人。七佛，指佛陀及以前的七個佛祖。爲人乞食耐勞，不避寒暑，行化各地，救度衆生，超昇佛土。

相傳佛祖在世時，曾携弟子遊訪北印度，當時對弟子阿難説：我滅度後三百年，當有一個名叫佛陀難提的聖人在此降生人間，並在這裏弘揚佛法。果然到了佛祖所説之時，佛陀難提出世，他智慧超群，善懂道理，雄辯之才無人能及。能記憶前世的經歷，對很久以前自己親自向如來敬獻寶座，與佛結下因緣之果深感喜悦。同時對自己能在未來一段時間裏將在釋迦佛教中弘揚佛法感到驕傲和自豪，並因此而立志出家。一天，佛教六世祖彌遮迦尊者遊訪北天竺，遥望京城上空有金色祥雲，便驚喜喚道：祥雲之下必有大士，可以嗣承佛法。入城後果然尋到佛陀難提，並爲之剃度出家。佛陀難提聰慧過人，一經指點，對佛法全然貫通。於是，彌遮伽將法藏傳給佛陀難提，囑咐他廣傳佛法，利益世間。佛陀難提成爲佛教七祖後，精研佛理，教化衆生，最後在一次行化乞食將要完畢時進入涅槃。衆人爲報其恩德，收其舍利，加以建塔供養。

金剛精進尊者

金剛精進尊者，因德行立名。

金剛，指牢固、鋭利、能摧毁一切的智慧，正如《大藏法數》卷四十一所説：「百煉不銷，至堅至利。」精進，指勇猛向前、修善斷惡的毅力，正如《慈思上生經疏》卷下所説：「精謂精純無惡雜故，進謂昇進不懈怠故。」《華嚴大疏》卷五亦云：「精進，練新於法名之爲精，精心務達曰之爲進。」金剛精進尊者皈依佛法之心，如金剛一般堅固鋒利。心中諸魔悉皆摧毁，諸垢悉皆滌除，功德與日俱進，永無止息，永無懈怠。

方便法藏尊者

方便法藏尊者，又稱香象大師、康藏國師，爲華嚴宗第三祖。

相傳法藏尊者爲唐代初期人，祖籍蘇州，俗姓諸葛，三國時期吳國諸葛瑾的後裔。尊者十六歲出家爲僧，隨浄域寺欽禪師學習佛法，永徽年間（公元650—655年）受具足戒。法藏以博達的佛學見解和嚴謹的持戒風範聞名海內。武則天當政時，敕命他居在東都洛陽，校對大福先寺保存的佛學經典《無盡藏》。不久，又命他去檢校化度寺保存的經典《無盡藏》，兼任薦福寺大德。

法藏是佛教教派之一三階教的領袖，一生宣講《華嚴》三十餘遍，致力於《華嚴教學之組織大成》，又註釋《楞伽經》等經論，並仿天臺之例，將佛教各神思想體系分類爲五教十宗，並推崇華嚴組織爲最高者，深受朝廷的重用，被稱作「學行冠於時」。唐開元二年（公元714年），法藏尊者圓寂於大薦福寺，世壽七十。其著作甚多，計有《華嚴經探玄記》二十卷等二十餘部。因爲他爲弘揚佛法作了大量有益的功德，故稱方便法藏。後人爲歌頌其功德，在終南山建塔，並葬其舍利以供奉。

觀行月輪尊者，因其德性像清冷而又明亮的月亮一樣，無暇無垢而立名。

據佛教說法，滿月圓明之體與菩提心相類，故《摩訶般若經》曰：「一切有情於心質中有一分浄性，衆行皆備，其體極微妙皎然明白，乃至輪回六趣亦不變易，如月十六分之一。凡月其一分明相若當合宿際，但爲日光奪其明性，所以不現。後起月初，日日漸加，至十五日圓滿無礙。」由此可見，佛教是以月輪明暗比喻人心的清浄佛性的顯晦。觀行月輪尊者依照月亮圓缺自然轉變之法，感悟世間萬物運行之律，常用佛法的原理原則，對照反思自己的行爲，有過則改。達到了「月即是心，心即是月，塵翳無染，妄想不生」的境界，使自己的品德無瑕無垢，爲世人所敬仰。

五百羅漢第八十九尊

阿那邠提尊者，又稱須達長者，須達阿那邠提。古印度舍衛國人，與佛祖釋迦牟尼生活在同時代。

據說須達長者崇信佛教，勤勞謹慎，家中富有，雇有女僕。因他在家中掌管銀錢與庫藏，因而凡是佛祖及其弟子有所需求，皆施捨不吝。女僕認爲須達愚痴，被出家的幾句話所迷惑，致使僧衆乞求無厭。她發出惡願，希望早日看不見這些僧人，聽不到他們的名字。舍衛國波斯匿王的妻子末利夫人崇信佛教，聽到此事後氣憤異常，命令須達將女僕趕出門去。須達用佛之道理對末利夫人說：佛像太陽一樣潤養萬物，大惡人鴦掘摩羅、賤人尼提，都被我佛感化而調伏，何況此婢？我相信佛的力量一定會使其調伏。末利夫人採納了須達的意見，果然見效。從此，須達長者廣傳佛教，感化衆生，最後修成正果。

拂塵三昧尊者

拂塵三昧尊者，即唐荊州當陽山度門寺禪僧神秀。汴州尉氏（河南開封之南）人，俗姓李。身長八尺，龍眉秀目，有巍巍威德。

相傳尊者少覽經史，博學多聞。出家後到蘇州雙峰山東山寺見弘忍法師，砍柴提水，服役六年，深得弘忍器重，命爲上座、教授師。唐高宗上元二年十月，弘忍寂後，尊者往江陵當陽山傳法，道譽響四海，徒人很多。武則天聽説後，召他到京城裏面的道場講法，並對其十分敬重。還下詔於當陽建度門寺，以表旌其德。中宗即位後也對其非常敬重，神龍二年二月圓寂於洛陽天宮寺，敕號「大通禪師」，爲禪門謚號最早者。

尊者原與大鑒慧能互有啓發，後來也曾數次奏請武則天詔請慧能。但在闡揚禪旨上力主漸悟之説，與南宗禪慧能主頓悟恰成對照，故禪史上有「南頓（能）北漸（秀）」之稱。法嗣著名者有嵩山普寂、京兆義福等。其法行盛於長安、洛陽一帶，門庭隆盛，世稱北宗禪之祖。然而，其佛法理論僅流傳數代就衰竭了。

摩訶俱絺尊者，即唐代婺州金華山俱胝和尚，又稱摩訶盧、摩訶俱瑟耻羅、拘瑟耻羅。

相傳古印度多摩維國都城外有一個寺院，內居五百僧人讀經修道。其中有一年老的僧人名叫摩訶盧，頭腦遲鈍，五百僧人輪流教他學經，數年當中背誦不出一偈，因此受到衆人的輕蔑，不能參加法會，被指派看守寺門、清掃庭院。一日，國王在宮中設飯食供養僧衆，摩訶盧不得參加。摩訶盧自念：我生來遲鈍，被人輕看，不如一死了之。於是到後園的大樹下准備自縊。佛祖釋迦牟尼在遥遠的地方鑒知此事，瞬間來到樹下，説道：「在過去世有五百僧人，自己智慧有餘，但吝惜經義，不願傳人，致使後世衆生根性愚鈍，你要自責努力，不可自弃。」尊者聽聞當下開悟，從此勤學佛理，常行運用，終獲正果。

五百羅漢

粉彩瓶

闢支轉智尊者，因德行而立名。闢支，舊譯爲緣覺，新譯爲獨覺。指未經佛指導就獨自覺悟，卻又不對人說或教化的聖者。

據《智度論》云：「初發心時值佛，而思惟世間之法，後得道，身出無佛世，性好寂静，加行滿而無師友之教，自然獨悟，故名獨覺；又觀十二因緣之理，而悟聖果，故名緣覺。」可見，獨覺是謂闢支佛雖生於「佛法已滅」的無佛之世，但因其前世修行的因緣，遂依靠自己的智慧證得正道。緣覺是謂闢支佛「自覺不從他聞」，觀悟十二因緣之理而得道。藏經中有《闢支佛因緣論》二卷，說八闢支佛覺悟之因緣。

佛教有八闢支佛，其首爲波羅捺國王，或即其人。

五百羅漢第九十三尊

山頂龍衆尊者，佛祖弟子。

迦葉波佛在世時，蘇婆伐窣堵河（今印度河上遊）的源頭有個名叫殑祇的人，此人精通咒語，善於調御惡龍，禁止龍王暴雨成灾，使得當地風調雨順，五穀豐收，糧食年年有餘。當地百姓感激殑祇的恩德，每年每家自願送一石穀子給他，作爲報酬。年歲既久，居民對殑祇的感激心情漸漸淡漠，有人忘記了送穀子。殑祇心懷憤怒，發願化作毒龍，用狂風暴雨毀壞禾苗，令田畝無收。他死後轉生爲一條地龍，潛伏山頂的泉底，每年雨季泉流白水，禾苗觸白水盡皆枯殆，致使當地百姓缺衣少食，苦不堪言。佛陀降臨世間，憐憫這裏百姓遭受苦難，前來教化此龍，隨行力士用金剛杵敲擊山崖，龍王畏懼，浮出水面皈依佛教，静聽佛祖講法，頓時心地清净，惡念全消，並聽從了佛祖的勸導，不再毀壞當地莊稼，從此，百姓無不豐衣足食，此龍也證得羅漢果位。

羅網思惟尊者，即寶思惟。北印度迦濕密羅國人，刹帝利種姓，唐代譯經家。

據《開元釋教録》卷九、《宋高僧傳》卷三等載，尊者自幼出家，以禪誦爲業，出家後專精律品。他慧解超群，學識淵博，以弘揚佛法爲己任。唐則天武后長壽二年來到中國洛陽，敕住天宫寺，開始進行佛經翻譯事業。至唐中宗神龍二年，先後譯出《不空四絹索陀羅尼經》等七部佛經。神龍以後，寶思惟不再翻譯經典，衹是精勤禮誦，修諸福業。每天他黎明即起，磨香爲水，沐浴佛像後方進飯食。衣鉢之外，隨得隨施，身無長物。後請求朝廷在龍門山創建一寺，制度皆依西域封廟，故名天竺寺。他和門徒學侣一同住在寺中修行，其堅信佛法，隨時隨地以佛法來對照檢查自己的行爲，得到解脱而獲證果。唐玄宗開元九年圓寂，世壽一百有餘，後人建塔供奉。

劫賓覆藏尊者，佛陀弟子。劫賓覆藏爲衆僧之首，意譯爲房星降世而轉生的人。

相傳尊者的父母老年無子，對天祈禱十二星宿之房星，房星有感，降落世間投胎轉生成人。其父母年老得子感激蒼天，取名劫賓那，意譯房星。劫賓那成年出家爲僧，聰慧過人，出家入寺不久即精通佛典，尤其對天上的星宿瞭如指掌。佛陀鑒知劫賓那道根將熟，便變化成一個老僧人與他住在一起，爲劫賓那說法。劫賓那經佛祖點化，很快就獲得佛學的真諦，得道後獲羅漢果位，因爲他熟知星宿，爲衆僧中之首，故又稱他爲「知星宿第一」。

神通億具尊者，即目犍連，意譯采菽氏，爲古代印度摩竭陀國王舍城外拘律陀村人，婆羅門種。佛陀十大弟子之一。他能神足輕舉，飛達十方，上至兜率天，人稱「神通第一」。

據説，目犍連和舍利弗原來都修習外道，各收有一百弟子。兩人相約，誰先得解脱，必告對方。後舍利弗遇到馬勝比丘，又親聆佛陀説法，心中開悟，便告訴目犍連，目犍連遂率弟子一同拜謁佛陀，蒙其教化，時經一月，證得阿羅漢果。目犍連神通廣大，神足輕舉，能飛達十方，上至兜率天。據載，目犍連亦曾代替佛陀説法，輔翼佛陀教化衆生。佛將涅槃時，目犍連根據慣例先佛涅槃，便入王舍城中，被反對佛教的婆羅門用亂棍打爛，目犍連知是宿業，故不躲避。後來，佛陀知曉此事，於竹林精舍門邊建塔吊之。

五百羅漢第九十七尊

具壽具提尊者，即沙門十二億，佛祖的聲聞弟子。他勤奮精進，除惡益善，人稱「精進第一」。

尊者學習佛法從不懈怠，勇於增益善行，敢於斷除惡業；求法務必精純，修養心性必求通達。據《賢愚經》卷六載，佛祖率衆弟子去婆羅門眷屬羨那家講經，衆弟子各施神通先佛而行。尊者在空中幻化出一條坦途，以琉璃鋪道，七寶作裝飾，高樹夾於大路兩側，種種妙寶懸挂樹上，光耀奪目，他自己凌空緩緩而至，羨那遙遙望見，爲佛法的威德驚訝讚嘆不已。

法王菩提尊者

法王菩提尊者，因德行立名。

在佛教中，法王是佛祖的尊稱。佛爲法門之主。能自在教化衆生，故稱法王。《無量壽經》卷下：「佛爲法王，尊超衆聖，普爲一切天人之師。」《法華經·藥王品》：「如來是諸法之王。」《釋迦方志》卷上：「凡人極位名曰輪王，聖人極位名曰法王。」菩提，指斷絶世俗之煩惱而獲得解脱的智慧，舊譯爲通，新譯爲覺。《成唯識論述記》卷一：「梵云菩提，此翻爲覺，覺法勝故。」不過，所覺之境，有事、理二法：理者涅槃，斷煩惱而證涅槃之一切智，是通三乘之菩提也；事者一切有爲之諸法，斷所知諸法之一種智，是唯佛之菩提也。佛之菩提，通於此二者，謂之大菩提。尊者努力修行，終獲佛陀般的覺悟與智慧。

法藏永劫尊者，即禪宗初祖摩訶迦葉。「法藏」指佛教教義及其他一切內容；「劫」是佛教的時間單位，「永劫」意爲無窮盡的時間。

相傳尊者生於古印度羅閱祇國一富有的婆羅門家族，乃天神降臨世間，在諸比丘中，被稱爲「頭陀第一」。尊者成年後，厭惡世間的生活，離弃新婚妻子進深山修行，身穿破衲，自行剃髮，以苦行求得解脫。後在王舍竹園中皈依佛陀。迦葉具有五德爲他人所不及：一、仙人的後代，富貴長者所生；二、勇於捨弃富貴家庭的豪華生活，出家爲僧；三、佛學取得成就後，仍堅持奉行頭陀戒律；四、受到國王、大衆、天龍及鬼神的供奉；五、拒絶豐富的供養，每日化緣乞食。

尊者精通佛法，各種典籍均極爲嫻熟，含藏無量性德，代表了永恒不變的真理，其學識與德行受到佛祖的器重，被置於諸弟子之首，是佛祖的忠實傳人。佛祖滅度後，由他受命主持教務，並組織了佛教第一次結集，使佛教的經、律、論永遠流傳世間。

五百羅漢

粉彩瓶

100

五百羅漢第一〇〇尊

菩注尊者

菩注尊者，又作善注，因德行立名。注，即注解、注入。

尊者博學多聞，精研佛典，於佛法奧義融會貫通，闡釋精當，大衆聽其說法，倍感曉暢明白，心曠神怡，猶如無比清涼的法水，緩緩注入心田，心中的一切煩惱、憂愁和塵垢頓時被滌蕩干净，自性清净心豁然呈露，净明無瑕。

五百羅漢第一〇一尊

除憂尊者，佛之弟子，是位能除去衆生一切憂惱的羅漢，密號爲大救金剛。

憂愁是世間衆生的巨大苦惱，清除憂愁冥想才能得到解脱，獲得愉快與自在。據《佛説離垢施女經》載，除憂尊者曾在舍衛國祇樹給孤獨園聽佛陀講法，他受佛的教誨，當時已盡除世俗的塵垢，捐弃人生的憂愁與煩惱，脱離了因果轉世的束縛，成爲聰慧、通達、明智的仁人。佛祖釋迦牟尼涅槃後，除憂尊者居於胎藏界曼荼地藏院，發願要解除一切衆生的憂愁煩惱及一切無益的冥想，歷盡辛苦，普度衆生，被世人尊爲大救金剛。

大忍尊者，南朝著名僧人。

據《智者大師別傳註》載，他於梁朝剃髮出家，入隋以後才圓寂。根據《續高僧傳》卷二十七及卷三十、《隋智者大師別傳》等載，大忍在梁、陳二代是德高望重的高僧，匿影鐘山，修道於開善寺，不與世俗之人往來。「天臺大師」智顗（被尊爲天臺宗四祖，實爲天臺宗創始人）在法會上傳布禪法，大忍曾去聽講辯論並讚嘆說：「此非文疏所出，乃是觀機縱辯。般若非鈍非利，利鈍由緣，豐富適時，是其利相，池深華大，鈍可意得。慶餘暉之有幸，使老疾而望疲。」得到大忍稱讚，智顗更加頌聲溢道。

名僧真觀亦曾遠道專程登門拜訪大忍，用呈玄妙，蒙其稱譽：「龍樹之道，方興東矣。」可見大忍非常善於獎掖後進。

無憂自在尊者，爲過去七佛之首毗婆尸佛的弟子。毗婆尸佛早於釋迦牟尼佛七十一劫出世，當時釋迦牟尼還修菩薩行，曾經向毗婆尸佛請教佛法。

相傳，尊者勤於請教，善於學習，對佛教的各種理論通達明了，對於佛教的各種三昧耶進退無礙，遠離了世俗的憂愁與煩惱，心性清净無垢染，住於佛法無退轉。

妙懼尊者即妙幢菩薩。懼有懼怕之義，但懼怕有時可以使人不走邪路，故有妙懼之稱。

據《金光明最勝王經》卷二、《最勝王經·夢見金鼓懺悔品》，載有「金鼓說法」的故事。相傳，有一天妙幢菩薩做了一個非常奇特的夢，於是第二天，便到鷲峰山拜見佛祖，對佛祖說：「世尊，我夢中見婆羅門擊妙金鼓，聲中演說微妙伽陀，明懺悔法。我皆憶持，願世尊聽我所說。」妙幢即在佛祖前說頌，佛陀聽他說完，稱讚道：「善哉！如汝所夢，金鼓出聲，讚嘆如來真實功德並懺悔法，若有聞者，獲福甚多。」

嚴土尊者

嚴土尊者爲佛祖的聲聞弟子。

尊者曾在毗耶離庵羅樹園聽佛祖講經，此時他已修行圓滿，獲得菩薩果位。據《維摩詰所説經・佛國品》載，尊者的佛學理論宏富而博達，他宣講佛法聲如雄獅怒吼，聲聞十方。禪功深厚，心地慈善清净，從修禪中獲得了無盡的智慧，已永遠脱離世俗情障的纏繞。善解法相，能知道每個人前世的善惡。他辯才敏捷鋭利，令信仰者心悦誠服，令外道屈服而皈依佛教，如堅固的城池一樣保護釋尊的學説，他有佛祖一樣慈悲的胸懷，不需邀請，便可與每個人做朋友，並使對方在生活中獲得平安與吉祥。

又據《佛名經》卷二十二載，他是爲使衆生得到解脱而住於世間，爲十方諸大菩薩之一。

金髻尊者即金髻菩薩。

佛經對金髻菩薩名的由來向有不同的說法。《註維摩詰經》卷第一：「金髻菩薩，金在髻也。」《維摩經義疏》卷第一：「金髻菩薩，閻浮檀金在髻。」《說無垢稱疏》卷第二：「觀無爲法，不離心首，如以金爲髻，故名金髻。」《維摩經略疏》卷第二：「金髻者，實相慧明如金，髻者即權智也，以嚴心首，故云金髻。」尊者實相慧明如金，教化衆生，能妙用佛法，權智極爲稀有。

雷德尊者，即光明電王阿揭多，是掌管雷電的羅漢，能制止一切因雷霆閃電所引起的災難。

佛教認爲世上掌管雷電的羅漢共有四尊，稱爲四方雷電王，即：東方光明電王阿揭多、南方光明電王設羝嚕、西方光明電王主多光、北方光明電王蘇多末尼。據佛教經典《最勝王經・如意寶珠品》記載，四王各管一方，能制止一切因雷霆閃電所引起的災難，如果在所居住的地方書寫四方雷電王之名，並將之安置於住處並加以供養，就可以避免因雷電所造成的火災和其他對人、畜及所有物産的破壞，也能避免雷電以外的其他一切災厄及各種煩惱。元代蒙古皇帝及貴族舉行宴會時，都在宮殿的一角供奉光明電王，由僧人誦念避電經。

雷音尊者

雷音尊者即雷音菩薩。雷音，神名，護伽藍神。在佛教守護寺院的十八個護伽藍神中，尊者爲第七神。

據《大寶積經》等載，尊者原是雷音王如來佛國的菩薩。他到佛陀説法之處，希望聽到秘要法教。爲了表示對佛陀和法教的尊敬，他曾在虚空中作法，使鮮花像雨一樣地飄下，空中還奏起美妙的音樂。霎時，雷音從虚空中下來，稽首佛足，繞佛七匝。佛陀對雷音的誠意表示讚賞，便讓密迹金剛力士代表自己向雷音和其他菩薩宣講佛法秘旨。此外，在佛教典籍中有多處載他受佛陀教誨。如《維摩詰經》所載參與法會諸菩薩中，尊者即爲其中之一。《十住斷結經》還載有雷音之語，曰於諸善本，觀其法界不增不減，不見諸法有窠窟者，於中净身口意，是爲菩薩慧。

伽藍神，又作伽藍十八善神、護伽藍神、守伽藍神、寺神。狹義指伽藍守護神，廣義泛指所有擁護佛法之諸天善神。

五百羅漢第一〇九尊

香象尊者即香象菩薩。爲佛教賢劫十六尊之一，居於密教金剛界曼荼羅之外院方壇，南方四尊中之第一位菩薩。密號大力金剛、護戒金剛。香，遍滿無礙之意；象，行足大力之意。二字合成，即諸行果滿。

佛教把宇宙存在的時間分爲過去、現在、未來三個時間階段，過去住劫名莊嚴劫，現在住劫名賢劫，各有一千佛、菩薩出世。香象菩薩是現在住劫菩薩，與佛祖釋迦牟尼同屬賢劫前十六尊。香象乃南方四尊之第一尊。其形象通常是身呈白肉色，坐蓮花上，右拳在心前，手上持蓮，蓮上有香器，右拳置於腰上。《小品般若波羅蜜經》卷九、《無量壽經》卷上、《阿彌陀經》等諸大乘經籍中屢見其名。據《佛說觀想佛母般若波羅蜜多菩薩經》記載，香象菩薩曾於衆佛及諸菩薩同堂聽經。又據《華嚴經·菩薩住處品》記載，北方有座香聚山，過去住劫諸菩薩曾在此山居住，現在，香象菩薩經常來此山，爲居住此山的大衆講經說法。

馬頭尊者

馬頭尊者即馬頭觀音，也稱馬頭明王、馬頭大士，梵名何耶揭梨婆。爲五部明王中蓮花部忿怒持明王，因以馬置於頭，故名。

尊者原是印度神話中毗濕奴神的化身之一。據印度教傳説，當惡魔搶去聖典時，他化身爲何耶揭梨婆，奪回聖典。佛教密宗將他作爲明王之一，後逐步演變爲六觀音之一。據説他以馬置頭，是表示跋涉生死大海，摧伏四魔之大威勢力、大精進力。據《馬頭觀音咒頌》載，尊者能攘灾鎮邪，解救衆生的厄難。

馬頭尊者的通常形象是：體色如日初出，以白蓮花爲瓔珞等莊嚴其身，光焰威猛，赫奕大如鬢，指甲長利，雙牙上出，首髮如獅子頂毛，作極怒吼之狀，於生死重障中，不顧生命，多所摧伏。面現忿怒相，呈威猛摧伏之狀。馬頭尊者表示此忿怒之相是爲了威伏摧破諸魔，但他並非總是如此，有時也示極和藹之相以開悟衆生。

明首尊者

明首尊者是佛祖釋迦牟尼的弟子，爲居於西南地方的菩薩。曾隨釋迦牟尼學習佛法，誠心砥勵，獲菩薩果位。

相傳明首尊者思維神異，有與佛祖相同的智慧。以通曉大乘學說著稱，熟悉一切佛法戒律，深博的佛學理論如同虛遠的天空一樣廣大。隨時隨處向大衆宣講佛教教義，並可根據不同的風俗習慣隨機應變，循循順導，以濟度幽靈，度衆生於彼岸。尊者辯才深奧，變化莫測，可紓解民間怨恨，降伏世間魔障，折伏外道並使之皈依佛法。勇於徒步周遊十方各地，邪教外道也無法阻礙。據《佛説濡首菩薩無上清浄分衛經》卷上載，尊者曾在舍衛國祇樹給孤獨園聽佛祖講法，並與佛祖的弟子大比丘五百人、菩薩千人共同研討佛學的真諦。

金首尊者

金首尊者即金頭仙人，梵名迦毗羅仙，約生於公元前六世紀。

尊者面色皆黃赤，故又名黃赤色仙人。原爲外道，即於佛教外立道者，後來在與佛教的理論爭議中，逐步認識到自己理論的局限，因而皈依佛教而獲得正果，後創「數論部」，爲數論外道之祖。生而自然具備法、智、離欲、自在等四德，見此世間之盲暗、沉迷，遂起大悲心，先爲婆羅門阿修利説二十五諦之義，次爲般遮尸訶説法，所説之法達十萬偈，名爲「僧法論」。

金首尊者，又作迦毗羅仙、劫比羅仙、迦毗梨仙、緊閉羅仙、迦夷羅仙、迦比羅仙。全稱迦毗羅大仙。意譯爲黃頭仙、龜種仙、金頭仙、赤色仙等。

五百羅漢第一一三尊

敬首尊者是十方諸大菩薩之一，此尊者已獲菩薩果位。

敬首尊者是居於東方的菩薩，他神通妙達，世間無處不享受他的福德。他深解佛教大乘和小乘的教義，並隨時宣講佛法，引導衆生脫離苦海，獲得解脫。他以天生的智慧與佛祖一樣的慈悲，用各種權變方法去感化大衆。他對自己的誓願始終未曾動搖：使世間衆生免受三途之苦，即免入火途，不受地獄猛火所燒之苦；免入血途，不受畜生受互相殘食之苦；免入刀途，不受餓鬼被刀杖逼迫之苦。

敬首做了無數利業衆生的事業，由此得到無尚極果，當前佛滅度後，他就可轉而成佛，居臨佛位。

衆首尊者即衆首佛。

據説尊者是護持世間的大慈悲父，他智慧無量，神通廣大，可以降伏各種魔衆，使無量衆生步入正軌。《慈悲蓮場懺法》敦勸衆生時常念誦南無衆首佛名號可以趨吉避兇，以獲福佑。

衆生虔心歸命於尊者，並向其懺悔，可以盡皆化解無量罪過，無量福根盡皆生芽，往生净土，發菩提心。

五百羅漢第一一四尊

辨德尊者

辨德尊者即樂乾闥婆。爲四乾闥婆之一，歌喉優美，善長音樂，是主音樂的天神。

尊者以世間的寶山爲居住地，他所居住的山林，受到獅、虎、狼、豹，牛、羊、鷄、雀等各種鳥獸的愛慕，並使它們和睦相處。尊者出遊，身著青色野蠶絲織的衣服，用孔雀的翎毛作旗幟，諸獸簇擁，群鳥回翔。

當天神需要演奏樂曲時，不需使者通報，辨德尊者便能自我感覺得到，屆時，他率樂工共同昇天演奏。天神便能聽到美妙的樂歌。尊者以演奏妙樂，娛樂諸佛，教化百姓。

羼提菩薩

羼提尊者即羼提菩薩，又稱羼提仙人，意譯作忍辱仙。又作羼提波梨、羼提比丘。

《佛名經》卷十七在列舉應當禮敬的十方大菩薩時，將他列在首位。

據說尊者具有大慈悲心腸，能忍一切苦難以感化衆生。據《賢愚經》卷二、《羼提波梨品》記載，過去久遠劫時，印度波羅捺國迦梨王割截羼提波梨之手、足、耳、鼻，流出的不是血，而是甘甜的乳汁，仙人忍辱而顔色不變，遂使迦梨王感化。《分別功德論》卷二讚曰：「小乘之慈，慈猶肌膚；大士之慈，徹於骨髓。何以明之？若人割截菩薩手足，變成爲乳者，即是慈證也。羼提比丘便是其事也。喻若母人生子，便有乳出。此慈念所感，自然變成也。」

可見，羼提尊者具絶大慈悲心腸，能忍一切苦難以感化衆生，被人割斷手足時，血管中流出的也不是血，而是甘甜醇美的乳汁。

悟達尊者

悟達尊者，唐末高僧。眉州洪雅（四川射洪）人，俗姓陳。法名知玄，字後覺。

尊者自幼天資聰穎，五歲便能吟詩。七歲至寧夷寺聽法泰講《涅槃經》，在夢中受摩頂戒。十一歲出家，十四歲於蜀地大慈寺，奉丞相之命當衆昇堂説法；聽者日計萬餘，莫不駭歡其慧，稱其爲陳菩薩。後居長安安國寺，成爲全國佛教領袖，經常被召入皇宫爲皇帝講經。咸通十年（公元869年），唐懿宗親臨安國寺，賜給知玄悟達國師一講經寶座，座高兩丈，以況香爲材，用金絲鑲出龍鳳花紋，旁設磴道，以供國師昇座講經。唐僖宗中和元年（公元881年），黄巢義軍攻占長安，僖宗遷居成都，皇帝召知玄入蜀，留在行宫爲僖宗講解佛經。次年，知玄辭别僖宗返回陝西。公元883年，知玄圓寂。

悟達尊者一生著有《慈悲水懺法》三卷、《般若心經疏》、《金剛經疏》等二十餘卷二十萬言。

法燈尊者即法燈菩薩。

據《華手經》卷四記載，有一處世界，名叫德處。德處世界過去住著一尊佛，名叫娑訶主。法燈菩薩即是娑訶主佛的現世化身。佛教認爲，佛法廣大，無上光明，可以普照萬物，就像燈光火炬一樣。法燈菩薩的名號正表示著他淵深精妙的法力道行就像一盞大放光明的智慧之燈，爲衆生照亮通往極樂净土的道路。

離垢尊者爲天神，是第一個向大衆預示悉達多太子將成爲佛陀之人。

據《佛本行集經》卷十一記載，佛祖降生在净飯王家，時稱悉達多太子，此後的數年之間，風調雨順，少有冰雹干旱、狂風暴雨等災厄降臨。莊稼少種多收，果樹花滿果熟，山野草藥繁茂，百姓和睦，無有邊患。懷孕者得以平安分娩，少年没有夭死，四時没有流疫。舉國上下的百姓都認爲是悉達多太子的福德威力所至，在國民的請求下，净飯王與悉達多太子來到一座美麗的花園，供國民瞻禮，一時間，民衆獻上無數的瓔珞、金銀、飯食和衣服，以示敬意。這時，尊者飛臨虛空，對大衆説道：「即使大地及其城邑都變成金子，也不能與悉達多太子的一根毫毛相比；再珍貴的瓔珞在悉達多太子面前也會失去光輝，因爲太子將成爲佛陀，他的功德無與量比。」説完，尊者便返回自己的天宮。

從此，天機得以印證，悉達多太子成爲世人崇敬的佛祖，而離垢尊者也功德圓滿修成正果。

境界尊者

境界尊者即具境界菩薩。

據《奮迅王問經》卷下載，過去有一佛，名叫普無垢净光明王，尊者向其請教奮迅法門。普無垢净光明王佛向其詳細闡述奮迅法門時，聽到奮迅法門的衆生頓時當下皆發阿耨多羅三藐三菩提心，佛祖釋迦牟尼也在此時得奮迅法門。所謂奮迅，即獅子奮迅三昧，這是一種比喻：獅子開張諸根，身毛皆竪，現威怒哮吼之相，是爲奮迅；佛開大慈之根門，奮大悲法界之身，現應機之威，正像獅子奮迅，所以叫獅子奮迅三昧。尊者已具無上正等正覺，發大慈大悲之心，使衆生諸煩惱憂愁皆得摧破和解脱。

馬勝尊者

馬勝尊者爲舍利弗之師，梵名阿濕縛伐多，爲佛陀之嫡族，是佛陀最早度化的五比丘之一，爲聲聞比丘中第一比丘。

相傳悉達多太子離宫出走，立志尋求解脱。净飯王勸阻無效，衹得命馬勝等五人相隨護侍，共同修煉。悉達多太子先修苦行，後發現苦行無益於解脱，便放弃苦行。馬勝等先後離開太子，自尋解脱的方法。後來，悉達多在菩提樹下得佛果，修成正果，成爲佛祖。佛祖身放神光，毫含玉彩，在鹿野園爲馬勝等人説法，使他們成爲最先皈依佛教的五比丘。舍利弗初從外道學法，然以未能究竟，迷於所安歸。馬勝儀容威盛，舉止莊嚴，時時引人注目。舍利弗在路途中看到馬勝的儀容，油然起敬，便拜馬勝爲師，後成爲佛祖的十大弟子之一。

馬勝早期就跟隨佛祖，且勤學好問，佛學知識淵博，在民衆中廣泛傳播佛法，證得羅漢果位。

天王尊者

天王尊者即天王菩薩，具神足通、天眼通、天耳通、他心通、宿命通等五種神通。

據《放光般若經》載，佛陀釋迦牟尼在羅閱祇耆闍崛山中說法時，天王菩薩與會聽法。尊者道行廣大，已得神足通、天眼通、天耳通、他心通、宿命通五種神通。得他心通者，可以毫無阻礙地知道他人之心念，所以能隨着衆生各自的意向而加以度脫。

天王尊者在宣揚佛法時，和藹可親，態度謙遜，不說粗話。他的說教如幻如夢，如聲如光，如影如化，如水中泡，如鏡中像，如熱時炎，如水中日，使衆生不知不覺中得悟，而得解脫。

五百羅漢第一二二尊

無勝尊者即無勝菩薩。

據《佛說維摩詰經》卷上《佛國品》第一載，尊者曾在毗耶離庵羅樹園聽佛祖講經，當時他已是遠近聞名的大菩薩，不僅自身受持佛法，而且對於外教如堅固的城池，保護佛法不受損壞，他的智慧和德行已完全可使佛法永遠流傳世間。他自身獲得了解脱，清净安住而不受世塵干擾，同時廣施慈悲，引導大衆獲得解脱，使大衆脱離生死輪回的痛苦與畏懼。尊者是世間大衆親善的朋友，不需邀請就會前來相助，使你得到平安與幸福，他給予世間的恩惠猶如天降甘露。無勝爲衆說法言微意妙，可斬斷衆人心中的邪念，並將其引上正途；然而對外教而言，他講法時聲如雷震，音如獅吼，令外道畏服而皈依佛法，使域内百姓安居樂業，杜絶賭博、酗酒、偷盗、淫邪之事。

無勝菩薩是一位清净國土、利樂有情的羅漢，深受世人敬崇。

自净尊者

自净尊者即净心菩薩。自净，意爲自性清净，離一切之妄染與妄想。

《佛名經》指出，衆生身爲凡夫，不論有意無意、有心無心，總會犯下許多罪過，若一味放縱，不知收斂，死後便墮入阿鼻地獄，身受各種酷刑，叫天不應，入地無門，欲生不能，欲死不成。衹要衆生正視自己的罪過，時常禮念諸佛和净心等諸大菩薩，誠心懺悔，便可減罪長福，往生極樂世界。可見净心菩薩具大慈悲心，以普度衆生爲己任，助衆生拂去塵埃，使自性清净心豁然顯露。

五百羅漢第一二五尊

不動尊者

不動尊者即不動菩薩，又稱不動明王（音譯阿遮羅），爲密教五大明王之主尊，密號常住金剛。

相傳釋迦牟尼出世前的久遠年代，東方有一妙喜園，廣目如來在此教化衆生。據《大寶積經》卷第十九記載，當時，有比丘想獲得菩薩果位，他偏袒右肩，右膝著地，雙手合掌向廣目如來發下誓願，要在以後的修行中，不誣陷他人，不誆騙他人，對任何人都説實話，不説謊話，遵循如來的教誨，增長自己的智慧，以無邊的智慧獲得最終的解脱，要修煉自己的心性，使心情平静似水，清净無垢染，永遠不被貪、怒、驚、恐、怨、恨、怖擾亂；心懷慈悲，利益衆生，敬仰諸佛，永不動摇。此比丘發下誓願後，勤行不懈，諸佛、諸天王梵世主盡皆歡喜，於是此比丘獲得菩薩果位，號爲不動菩薩即不動尊者。

五百羅漢

粉彩瓶

休息尊者

休息尊者即多睡賢者。

據《佛説無量清净平等覺經》卷一記載，當佛陀釋迦牟尼在王舍城靈鷲山中説法時，該尊者曾前去恭聆法教。所謂休息、多睡，並不是説該尊者佛法懈怠，常入於睡夢之中，而是指該尊者善於調息，刻苦修習禪定，思維總是集於一處而不散亂，狀若睡眠，常若休息，因而得名。

調達尊者

調達尊者即提婆達多。斛飯王之子，阿難之兄，佛祖釋迦牟尼的從弟。

相傳調達幼時於釋尊、難陀共習諸藝，佛陀成道後，隨佛陀出家，於十二年間善心修行，精勤不懈。後因未能得聖果，而漸生惡念，後至十力迦葉處習得神通力，率五百徒衆脫離僧團，自稱大師，倡導異說。曾以五百人投石器擊殺佛陀，又趁佛陀入王舍城時，放狂象欲以加害佛陀，欲取而代之，爲教法之王，皆不成。後來調達皈依佛教，獨自在深山修行十二年，所誦經卷六隻大象都載不完。然而他結交權勢，將衆生的施舍據爲私有，在衆僧中有意表現自己的智慧，以求比他人更尊貴。因其仍不捨惡念，終至在欲加害佛陀時反自破手指而命終，並墮入阿鼻地獄。

據傳，佛祖曾派弟子目犍連到地獄探慰，激勵他持戒勿怠，早離苦海。後來尊者在地獄中念「南無」，聲稱佛號，經日不倦，功德圓滿，最終獲解脫，轉世爲佛。

普光

普光尊者即普光菩薩，唐代僧人。據《大般若波羅蜜多經》記載，在東方無數多的諸佛世界中，最後世界名叫多寶，住持其間的是寶性如來，普光就是多寶世界的一位菩薩。據說普光菩薩修得神通自在，可以持善法不使散，持惡心法不使起。

尊者資性明敏，師事玄奘三藏於慈恩寺，精苦恪勤，聞少證多，玄奘默許之。人稱大乘光。自貞觀十九年（公元645年），玄奘首創翻譯場，至麟德元年（公元664年）終於玉華宮，凡二十載，譯經共七十五部一三三五卷，多爲普光筆受。永徽五年（公元654年），玄奘譯出《俱舍論》，首先密授尊者。尊者因撰《俱舍論記》三十卷經詳解之，爲俱舍論三大疏之一；後由弟子圓暉爲之略作十卷，俱舍宗奉爲要典。另著《俱舍論法宗原》一卷及《百法明門論疏》等，普光尊者之俱舍學實總集玄奘正傳者。

五百羅漢第一二九尊

智積尊者

智積尊者原爲王子，爲大通智勝佛未出家時之子。

相傳，往昔三千塵點劫，有佛出世，名「大通智勝佛」。據《法華經》《化城喻品》載，大通智勝佛尚未出家時，有十六王子，諸王子的父王信奉佛法，十六王子受父王的熏陶，決意出家修行，尋求解脱。據《法華經》《化城喻品》記載，十六王子的第一名稱作「智積」。之後，大通智勝出家獲得佛的果位，智積等十六王子則出家爲沙彌，從大通智勝佛受聞三乘。初發慈悲心，即請佛講説大乘妙法，又聽佛爲領會講説《法華經》。大通智勝佛講解《法華經》畢，便入静室寂然入定，修定長達八萬四千劫。在佛修定期間，智積等十六王子相繼登上法座，爲四部衆復講《法華經》。後來，智積等相繼成佛，十六王子分駐八方，教化本土上的百姓。

寶幢尊者即寶幢菩薩。密號福壽金剛、福聚金剛。寶幢者，乃尊者主菩提心之德，以寶幢表發菩提之德，以寶幢表發菩提之義，降伏四魔軍衆之標幟。

據《勝天王般若波羅蜜多經》等書載，尊者曾是娑婆世界上方不動佛國金剛相佛前的菩薩。當佛陀在王舍城說法時，尊者得金剛相佛准允，特來聆聽法教。尊者已通達甚深境界，雖現世間而不染世法。又《佛説觀想佛母般若波羅蜜多菩薩經》教人念誦真言，以手灌頂，摒弃諸念，在觀想的佛母及諸佛菩薩中，寶幢菩薩即爲其一。尊者形象爲赤白色，即日出之色。偏袒右肩，左手向內，結跏趺於寶蓮花上。

寶幢尊者又稱寶幢如來、寶幢佛、寶星佛。

五百羅漢第一三一尊

善慧尊者即梁朝傅翕，南北朝時著名居士。俗姓陳，名翕，自號善慧大士，生於齊明帝建武四年（公元497年）。

尊者舉家奉佛，妻號妙光，並有二子名普建、普成。善慧白日躬耕於山野，夜歸家後誦經修禪，兼讀儒道諸子典籍。苦行七年，通曉《楞嚴經》，四方弟子前來就學，名聞於四方遠近。梁武帝大同元年（公元535年），受命講經於重雲殿。武帝親臨聽經，群臣離座恭迎，唯獨善慧安坐不動，衆人問他爲何不起迎聖駕，回答說：「法地若動，一切不安。」爲梁武帝所敬重。不久，戰亂四起，梁朝滅，陳朝立。尊者在家大集徒衆，講經不輟，常率弟子燃指焚臂以供佛。陳宣帝太建元年（公元569年）四月，集聚衆弟子，告誡他們勤修勿怠，趺坐而化，壽年七十三歲。

善眼尊者

善眼尊者即善眼菩薩，常參加釋迦牟尼說法之會。

據《大寶積經》卷九十載，佛陀在舍衛國祇樹給孤獨園向大比丘衆和諸菩薩說法，佛陀如龍象王顧視觀察，向諸菩薩曰：「善男子，汝等誰能於後末世護持正法，攝受如來百千萬億那由他阿僧祇劫所集阿耨多羅三藐三菩提法，安住秘密種種方便成熟衆生？」尊者回答：「我能堪任，與諸衆生自性安樂。」

佛教認爲，諸法各自有不變不改之性，是名自性。人所本有之心，自性清净，故名自性清净心，又名如來藏心、真心、菩提心。菩提心有時爲外欲蒙蔽，如鏡爲塵掩，不得顯露。尊者善於引導衆生擺脱欲望魔障的纏繞，明心見性，往生净土。

勇寶尊者

勇寶尊者又稱寶勇。尊者勇於獲得佛德、佛性，故稱勇寶，已獲菩薩位。

據《佛説維摩詰經》卷上《佛國品》第一載，尊者視佛德、佛性爲寶，發心勇猛，精進修習，已脱離了世俗的輪回生死，安住清浄，永離糾纏。深信佛法，如金剛一般堅固。演述佛法，言微意妙，能斷除衆生的一切邪念，聲音猶如獅子怒吼，一切外道悉被摧伏。尊者施予世間的恩惠猶如天降甘露，滋養萬物。猶如普照，宇内繁茂。他就像醫術精通的神醫，治療衆生的病痛，解除衆生的痛苦。

寶見菩薩

寶見尊者即寶見菩薩。常參加釋迦牟尼說法大會，如《維摩詰所說經》所記佛在毗耶離庵羅樹園舉行的法會即有他在場。

相傳寶見菩薩神通廣大，能降伏魔怨，制服外道，他捨弃了世間一切嗜好，唯以功德智慧修持其心，他善於了解和洞察衆生的心意，明徹諸法妙義，就像一位導師引導衆生循循善誘，幫助衆生達到解脫，他的信仰像金剛一樣堅固，他的教化像甘露一樣滋潤，他的聲音像音樂一樣美妙。爲了宣講佛教教義，他的聲音有時又如獅子的吼聲，或天上的雷鳴，震撼人心，促人開悟。他還善於爲人治療疾病，對症下藥，藥到病除，既治病，又治心。

五百羅漢第一三五尊

慧積尊者

慧積尊者，即慧積菩薩。尊者智慧積聚，聰明絕頂，以智慧著稱，已獲菩薩果位。

據說佛陀在世時，尊者經常聆聽佛祖釋迦牟尼講經。據《海意菩薩所問净印法門經》卷十三記載，尊者曾當場講出佛理的真諦，受到佛祖的讚揚。慧積菩薩德行具備，他的能力使佛法永遠流傳世間，自身已獲解脱，清净安住，同時大施慈悲，誓願引導衆生獲得解脱。要想廣度衆生，必須施展神通力，尊者已神通具足，所以度化衆生無可量計。尊者名聞遠近十方世界，譬高踰出須彌之山，他是衆生的朋友，不需邀請便會前來相助，引導衆生進入大乘佛海，不需艱難而取得佛寶真諦，他引導大衆解脱世俗的纏繞，爲大衆除去煩惱與畏懼，他對世間的恩惠猶如天降甘露。

慧持尊者

慧持尊者，東晉人。俗姓賈，雁門樓煩人，名僧廬山慧遠之弟。

尊者天性聰穎，博學多才。十八歲時與兄慧遠一起往太行恒山皈依道安，遍覽佛教經典。後與兄辭別道安，先住荆州上明寺，後又到廬山，住東林寺傳法。其後慧持護送其古道儀到京都，住於東安寺，受到晋衛軍瑯琊王司馬珣的器重，曾應司馬珣之邀校閲西域僧人僧伽羅義所譯《中阿含經》。後來他又回到廬山，應豫章太守范寧之邀講《清華》等經，四方來學者極多。鳩摩羅什也來信表示欽敬，結爲好友。當他聽説成都地沃民豐，便決心前往傳教，兄慧遠苦留不止，遂於晋隆安三年入蜀，住龍淵寺，大弘佛法。義熙八年示寂，世壽七十六歲。

五百羅漢第一三六尊

五百羅漢第一三七尊

寶勝尊者即寶勝菩薩。具有普賢菩薩的一切功德，並已獲菩薩果位。

據《大方廣佛華嚴經》卷第六十載，尊者可以隨心所欲地來往於世界各地，並能變化出無數化身，同時在各地出現；他法眼清净而無障礙，能看到世間一切。他利益衆生，普度有情。慈悲之心如同無際的光芒，所照之處，悉皆清净；他以自己的智慧獲得了無窮盡的神通力，隨時可以滿足衆生的心願，以各種化身解救世人的苦難。尊者已得佛教的真諦，自身法性淳厚，永遠脱離了世俗，依靠佛的功德，心地寂静無垢，如天空一般虚净無際。尊者供養過世間諸佛，發誓保護佛法，使佛教永遠流傳世間而不間斷，世世代代轉生在佛教流行的國土，尋求一切無量智慧。

道仙尊者，又名僧仙，康居國人。

尊者原爲商人，性情貪婪，唯利是圖。一次，經商到達梓州新城郡牛頭山，聞禪師説法，内心豁然省悟。遂將兩船財貨沉於江中，於灌口竹林寺出家，並發誓：「不得道者，終不出山。」他選擇人迹罕至之處修行，周圍衹有學禪僧侶相伴。他修習禪定，一坐就是四五日，但一有客人到門，立刻便覺，起與共語。南梁始興王蕭澹鎮守四川，對道仙極爲欽敬，天監十六年迎至青溪山，道仙準備終老於此。二十八年後下山弘法。據説，隋蜀王楊秀派人召見尊者，尊者不從，楊秀勃然大怒，親自率兵前去捉拿。尊者聽説，亦毫不畏懼，端坐念佛。刹時雷雨交加，飛沙走石，楊秀和士兵無處躲藏，便向山禮拜，表示懺悔，於是天明雨霽，山路清潔。尊者爲楊秀説法，並應邀至成都静衆寺。後來尊者回到青溪山，並在此端坐圓寂，時年一百有餘。

粉彩瓶

五百羅漢第一三九尊

帝網尊者即帝網菩薩，已獲菩薩果位。

據《佛說維摩詰經》卷上《佛國品》記載，尊者曾在毗耶離庵羅樹園聆聽佛陀講經。他受持佛法，智慧與德行具足具備，有能力使佛法永遠流傳世間。尊者德高望重，如同雄師怒吼一樣名聞遠近十方。他廣施慈悲於世間，引導衆生脫離生死輪回的痛苦，關閉一切通往罪惡的道路，轉而奔向極樂世界，他像一位精通醫術的神醫，辯證給藥施治，使大衆都斷絕煩惱而獲得精神的解脫。尊者對衆說法言微意妙，如同引導衆生在大乘佛海中自由航行。然而對於外道，他演說佛法如同無畏的雄獅怒吼，猶如晴天霹靂，令外道震服而皈依佛法。

帝綱菩薩神通廣大，變化自如，如隨風幻化的浮雲，變幻莫測。

明羅尊者

明羅尊者又作明綱，即明綱菩薩。

據《佛說如來不思議秘密大乘經》記載，尊者經常參加佛祖的法會，能降伏衆魔制服外道，還善於了解衆生心意，並以自己的絶大智慧，因材施教，將衆生解入一切波羅蜜多理教法門，具善巧方便，達到研究最上彼岸。明綱菩薩心極平等，與地、水、火、風皆緣，虛空無邊。他已修成金剛堅固不壞之身，有大光明，映蔽日月。他善於作獅子吼，宣講法音，盡力超度世人。

五百羅漢第一四一尊

寶光尊者即寶光菩薩。已獲菩薩果位，具備普賢菩薩的一切品行與功德。

據《大方廣佛華嚴經》卷六十載，尊者已獲得佛法真諦，對於佛教的任何理論都已心領神會；他佛性深固，不受煩惱與憂愁的纏繞，已永遠脫離了世俗世界。尊者神通自在，能隨心所欲地往來於世界各地；法眼清淨而無障礙，洞悉世間一切善惡諸事；能變化出無數化身，同時化現各地；不需邀請，就可以與衆百姓作朋友，並保護他們平安吉祥。尊者以自己的無窮智慧利益衆生，除滅民間疾苦，功績如空寂無邊的太空，又如陽光普照大地。尊者深信佛法，曾供養過世間所有的佛陀。他曾發下大誓願，要保護佛法，使佛法永遠流傳於世間。

善調尊者

善調尊者即日藏菩薩。

據《法苑珠林》卷五十九記載，在過去劫中，有五百人曾供養諸佛，學菩薩乘，但後來因爲親近惡知識，做下惡業，遂墮入畜生道中淪爲馬。尊者爲了度脱他們，也現身於馬中，以唤起五百馬本有之道心。適逢佛陀來此遊化，一婆羅門請佛陀接受供養，佛陀爲超度五百匹馬，遂至其家。後婆羅門不肯供奉飲食，尊者便以馬聲爲諸馬説法，讓他們分出自己所食麥的一半施與諸佛，他自己也分一半食麥供奉佛陀。如此三月，五百匹馬皆命終，往生兜率天上爲天子。他們來到佛陀住所，聞聽妙法，皆成阿耨菩薩。佛陀預言，在未來世，此五百天子皆得爲闢支佛。尊者功德無量，也將成爲佛，號善調如來。

奮迅尊者即奮迅王菩薩。奮迅是比喻獅子憤怒咆哮的威嚴形象，又用以比喻奮勇急進。

相傳尊者發怒時，大地都要發生六種震動，隨著大地的震動，地獄裏的衆生、外道的信徒都會獲得解脫。據《迅奮王問經》記載，奮迅王菩薩曾請教佛祖釋迦牟尼，怎樣才能以無上的智慧遍知一切真理，掌握佛法的真諦。佛祖告訴奮迅王菩薩需做到四種奮迅：第一爲戒奮迅，即嚴格遵守戒行，防禁心身有所過失；第二爲通奮迅，即經過禪定修煉而獲得通力，使身體變化自如而毫無障礙；第三爲智奮迅，即善於判斷事理的是非曲直；第四爲慧奮迅，即心性無暗，通達事物發展變化的規律。

祈求奮迅菩薩，可使人現世平安，遠離一切災難，消除自身的惡習與過失，獲得正等正覺。

修道尊者

修道尊者因德行立名。

佛教將修習菩薩乘的過程分爲十地，也叫十住，即發心住、治地住、修行住、生貴住、方便具足住、正心住、不退住、童真住、法王子住、灌頂住。由第一發心住至第四生貴住名爲「入聖胎」，由第五方便具足住至第八童真住名爲「長養聖胎」，至第九法王子住則相形具足而出胎，既爲菩薩，便堪行佛事，則佛以智水灌頂，是爲第十灌頂住。從第一至第十的整個過程稱爲「修道」。修道尊者即因循漸進而成菩薩。

五百羅漢第一四四尊

大相尊者

大相尊者爲文殊菩薩的前世身。大相是尊者過去世的名號，原爲外道的一名小童子，名叫「歡喜」。

據《菩薩行方便境界神通變化經》記載，在過去世，當時釋迦牟尼尚未獲得佛的果位，當時的世尊佛爲衆信徒授記，預示將來某人某時將於某地成佛。某中有一大相菩薩，原來是外道的一名小童子，他的聰明與智慧勝過世間的一切童子，名叫「歡喜」，皈依佛教後功德圓滿，品性具足，獲菩薩果位，名號大相，大相菩薩將在釋迦牟尼成佛時再次降臨世間，名號文殊菩薩。釋迦牟尼佛涅槃後，文殊菩薩（大相菩薩的後世身）獲得佛的果位，法號「大莊嚴如來」。

善住尊者

善住尊者又稱善住天子。善住，指努力行善，住心於佛法的修行，不爲塵世諸煩惱所影響。

相傳尊者原是欲界六天中的之忉利天（又叫三十三天，因帝釋天居中央，四方各有八天，故名）諸天子中的一人。據《佛頂尊勝陀羅尼經》記載，當善住天子得知自己因不行善事，七日後將命終，轉世爲畜生，還要墮入地獄中受苦受難，極爲恐懼，急向帝釋天求救。帝釋天到祇園精舍向佛請教，佛陀爲説《佛頂尊勝陀羅尼經》，讓善住記誦，以延壽轉難。從此尊者一心記誦，終成羅漢果。

五百羅漢第一四七尊

持世尊者即持世菩薩。

據佛學經典《持世經》記載，持世菩薩曾與五百大比丘尼及諸大菩薩在王舍城迦蘭陀竹園聽佛祖釋迦牟尼講經。持世菩薩性柔軟，有忍辱負重之德；持戒嚴謹，勤奮於佛學理論，精通禪定，心性沉寂如虛空。持世菩薩以慈悲之心憐憫世間一切衆生，以利益三千大千世界爲己願，斷除衆生的疑惑、恐怖與煩惱，爲衆生指出光明之路，讓衆生脫離輪回之苦，避免轉生爲畜生、餓鬼及墮入地獄；引導衆生信奉佛法，本世平安吉祥，來世脫離生老病死之苦，轉生到極樂世界。

持世菩薩一心護持佛法，讓佛教的世間大放光明，終獲菩薩果位。

光英尊者

光英尊者即光英菩薩，常參加釋迦牟尼説法之會，隋朝人。

據《大寶積經》、《佛説純真陀羅尼所問如來三映經》等書籍記載，光英菩薩之心如金剛一般堅固，無能斷截者，又如地、水、風、火一般平等，既無所愛，亦無所憎，惟以一顆慈心濟度世人。光英菩薩於諸佛法一切習，諸佛法欲具足，他能以自己的法力洞曉衆生的心思，隨人心所喜，以法教照。他在隋朝，曾師天臺灌頂，住清國寺。優柔教儀，慎攝戒行，具醫王之德，能治療流疫痼疾。《幻士仁賢經》中曾記載光英菩薩説過如下偈語：

「譬如彼幻士，仁賢現此化。一切世亦然，愚者不及解。」

五百羅漢第一四九尊

權教菩薩

權教尊者即權教菩薩。權，靈活方便之意；教，教法。

尊者心性慈悲，憐憫衆生爲痛苦所困惑，於是用權宜之法，解大衆一時之苦。世間蕓蕓衆生，都貪戀富貴利祿，陷入無窮的煩惱之中，很難解脱。有人心向佛教，然法性未堅，即便其行不違背佛教教義與戒律，但如此修行，必須經數次的轉世才能悟得佛法的真諦。尊者心性慈悲，憐憫衆生的痛苦，採用權宜之法，紓解大衆的苦難。尊者救助衆生，猶如住宅不幸失火，全家老少被烈火圍困，生命危在頃刻，於此危機之時，尊者及時救衆人出火宅，脱離苦難。被救之人雖然不能獲得最終的解脱，但使他們暫時免受烈火燒灼，從無望中得生。衆生衹要有一分遠離苦難的可能，尊者便要以十分的慈悲心，借用巧妙方法運載衆生遠離苦難，深受衆生崇敬，並獲菩薩果位。

善思尊者即善思菩薩。

據《大寶積經》卷一百一載，尊者曾參加佛陀在王舍城耆闍崛山内舉行的法會。彌勒菩薩爲轉輪王時，善思對其有啓迪之功；佛乞食毗耶離城時，獻花禮佛，誓爲菩提，佛爲説法，證無生忍。據《大般若波羅蜜多經》卷五百七十六載，尊者與龍吉祥菩薩在一起，龍吉祥端坐入定，尊者想讓他立即出定，便施法力讓三千大千世界諸山大地俱皆震動，而龍吉祥禪身心安寂，不爲所動。後龍吉祥出定，天雨香花，善思便虚心向他請教不動之理，龍吉祥説：「善思當知，若諸身心有動轉者，見大地等亦有傾摇；諸佛世尊、不退菩薩及大獨覺大阿羅漢，身心安静，遠離動摇，於諸法中不見不覺有動有轉有傾摇。」於是善思遂悟解妙法。

五百羅漢第一五一尊

法眼尊者，即五代時南京清凉寺法眼文益禪師，爲南禪法眼宗之開祖。法眼，指見佛法正理之慧眼，爲佛教五眼之一。

尊者七歲於臨州崇壽院出家，先隨希覺和尚學習佛教律藏。文益善於撰寫文章，辯才鋭捷，希覺和尚對他另眼看待。之後他投奔高僧學習禪法，雖經努力，然而時日既久仍不得要領，於是出遊世間名寺，尋訪高僧，探討佛理。文益在漳州遇到羅漢琛，經羅漢琛點化，文益對佛理頓時開悟，從此隨羅漢琛學法。羅漢琛圓寂後，文益嗣承其衣鉢。由於文益學習勤學精進，終於成爲當時南方聞名的高僧，自立門户，招收弟子，門下學者雲集。南唐國主李氏禮敬有加，將其迎至金陵，住報恩院，事以師禮，並從之受戒，賜以「净惠大師」之號，還爲其建清凉伽藍。顯德五年秋，閏七月示寂，世壽七十四。入寂後，謚號「大法眼」。著有《宗門十規論》、《大法眼文益禪師語録》各一卷行世。

梵勝尊者因德行立名。

在佛教中，梵是清净之意。《智度論》卷十云：「梵名離欲清净。」《玄應音義》卷六亦云：「梵言梵摩，此譯云寂静，或清净，或净潔。」

梵勝尊者自幼出家，刻苦修習梵行。所謂「梵行」，據《法華嘉祥疏》卷七曰：「通取一切戒爲梵行，別名斷爲梵行。」由此可知，梵勝尊者已徹底斷絶淫欲，嚴格遵守一切戒律，成就具足清白之相，最終證得阿羅漢果。

五百羅漢第一五三尊

光耀尊者

光耀尊者，又稱光耀網菩薩，是北方佛土離暗冥世界的大菩薩。

尊者認爲，世間萬物的生滅，如同看魔術師演戲法，如夢如幻。衆生看到世界千變萬化，由此產生了各種複雜的感情，假如幻師停止變幻，世間萬物瞬間就會静止不動，衆生也就没有了七情六欲。而人的一生如同一場大夢，人在夢中遇到的若干景象，醒來以後，一切便都會消失。

佛祖爲衆生指出了脱離夢境的方法：切莫留戀有情世間，解脱有情便是解脱，解脱之後不要再被有情所吸引就會獲得正果。

直意尊者

直意尊者因德行立名。

直意尊者秉性耿直，出家之後，凡事皆以直心行之。所謂直心，即是正直而無諂曲之心。這是修習佛法的根本。《維摩經・菩薩品》曰：「直心是菩薩净土，」「直心是道場。」《楞嚴經》卷一曰：「十方如來同一道故，出離生死，皆以直心。」尊者終因以誠實無曲之直心處事待人，證得阿羅漢果。

五百羅漢第一五五尊

摩帝尊者，即摩帝菩薩。摩帝又作摩地、摩提，意譯爲慧。

據《楞伽阿跋多羅寶經》卷一載，尊者曾與大慧菩薩游訪參拜世間諸佛時，正趕上佛陀與諸佛聚會於南海濱楞伽山頂，二菩薩來到此山，佛陀與諸佛爲二菩薩灌頂加持，並爲他們講解佛法。尊者擅長修定，息慮凝心，身心寂静，從中增長神通、智慧與方法。世間諸佛功德無量，然而普度衆生的方法各異。尊者對諸佛救護衆生的方法一一牢記。雖然世間衆生貧富不均，貴賤不等，老幼有別，可尊者却能平等對待衆生，對所有有難者一一予以護持，使佛法和大愛充滿世間。

慧寬尊者

慧寬尊者，又稱作惠寬，俗姓楊，四川綿竹人，爲唐代高僧。

據說惠寬少年時代即穎悟不凡，頗具神異。每當他和姐姐在一起，便坐禪論道，他的話別人都聽不懂，但每當人們就他的話向有學問的禪師請教，禪師都大加讚揚，謂爲深妙佛理，後來，他出家爲僧，拜胤法師爲師，在山中静修三十年。永徽四年，在成都静慧寺圓寂，享年七十。

五百羅漢第一五六尊

五百羅漢第一五七尊

無勝尊者，爲佛陀前世身。

據《大乘悲分陀利經》卷第七記載，在往昔古代世界，有一個國家名叫閻浮提，國王無勝是佛祖的前世身，他有一千個兒子。無勝及其全國百姓都信奉佛教，在他的勸導下一千個兒子都出家爲僧，衹有六個兒子願過世俗生活。無勝把國土分做六份，交由六個兒子管理，自己也出家修行去了。然而六個兒子不相和睦，互相征戰，至使天神怨恨，久不降雨，五穀不收，疫氣流行，草樹干枯，鳥獸無食。衆生危難之際，無勝登上障水山，立下誓願，願捨弃身命，化作肉山，以自身的血肉普救衆生。立誓願時，大地爲之震動，須彌山爲之傾摇，海水爲之涌波。無勝自障水山上跳下，瞬間化作肉山，長寬各一千由旬(由旬有大中小三種，大由旬約八十里，中由旬約六十里，小由旬約四十里)，高一千由旬，供閻浮提的百姓及鳥獸食用。

五百羅漢

粉彩瓶

五百羅漢第一五八尊

曇摩尊者

曇摩尊者，即曇摩菩薩。曇摩，保持自性而不改變之意。

據《法苑珠林·敬法篇聽法部》記載，從前舍衛國須達長者家内有二隻鸚鵡，能解人語，曾聽阿難説苦集滅道四諦法(四諦即四種真實不虚的道理)，歡喜持誦，夜宿爲野狐所食，緣此善根，轉身爲人，一爲曇摩，一爲修曇摩。又據《無極寶三昧經》卷上載，佛祖釋迦牟尼在羅閲祇竹園中舉行法會，尊者曾請教佛理：「菩薩已得寶如來三昧，自在所爲，衆慧已具，便得三寶。」佛陀對他説：「已得陀羅尼，譬如持弓弩布矢，在欲所射，無所不到；菩薩持一慧，人萬億慧，靡所不至如是也。」尊者聽了佛祖的妙解後，對佛法洞悟更深。

歡喜尊者，又稱作阿難，是釋尊的從弟，佛成道當夜降生人間，故名歡喜，爲佛陀十大弟子之一。

相傳尊者博聞强記，智慧無比，隨佛祖學習佛法，善於總持教内事務，且熟悉各種佛法戒律，被釋尊稱爲「總持第一」。佛祖在世時，被命爲釋尊的侍者，佛祖涅槃後，阿難受托主持教務，成爲佛教二世祖。阿難老年時，曾指出一沙彌是非，但其非但不聽，反而譏笑尊者年老昏花。阿難認爲世間衆生罪垢深重，難以用語言去教誨，自己久留世間已没有意義，便求迅速寂默，昇往極樂世界。

在中國佛教寺院中，阿難與摩訶迦葉總是侍立在釋迦佛的兩邊，成爲一佛二侍的格局。

遊戲尊者

遊戲尊者，即遊戲大菩薩。

據《華嚴如來德智不思議境界經》載，尊者曾到摩竭陀國法阿蘭那菩提道場聽佛陀說法。他有大平等大慈悲心，希望一切衆生皆能發心證覺菩提。他已得神通自在，善住在入、出世間中的無邊法行，幫助衆生求得解脫。

道世大師，唐代高僧，京兆（現西安市）人，俗姓韓氏，字玄惲，生于公元602年。爲避唐太宗李世民之諱，通常稱其字，而不稱其法號。

道世大師聰敏强記，精通佛典，尤其善於著述，下筆千言，含意深刻，且文字暢雅。公元656年奉皇帝所詔主持長安西明寺，於寺中嚴持戒律，以著述爲務，其著作有《法苑珠林》、《信福論》、《大小乘禪門觀》、《四分律討要》、《四分律尼鈔》、《金剛經集註》等。道世的著作淺顯易懂，將深奥的佛理介紹給大衆。例如，他認爲有些佛教信徒十分虔誠，急於進取，但是一定要依照佛法依次修煉，如心緒妄動，就會遠離净土。他還認爲，寺院裏有十八位神將保護，使寺院財産及衆僧免于禍害，然而作爲僧人還需自强自勵，如果懶惰或不守戒律，恐怕要招來現報。

明照尊者

明照尊者，即《佛名經》所載之照明菩薩。佛法如燈，可以照明黑暗，引導衆生走向光明佛土，故名。

尊者已離一切蓋障，得無量明，其心猶如純净的月輪，以智慧之光照耀衆生，使衆生悟解自性清净。尊者具最勝智，智慧普遍，猶如虛空，衆生蒙受其慈心護愛。據《佛名經》載，時常憶念諸佛及照明等大菩薩名號，至心歸命，所犯罪過可以一概消除，生往極樂世界，享受無上樂果。

五百羅漢第一六三尊

普等尊者爲佛家弟子，以修禪定見長於諸羅漢。普爲普遍，等爲齊等。普等，意謂尊者於衆生無所差別，同等看待。

尊者常在禪定中普見世間諸佛，親耳聆聽其教導，從而悟到世間的一切苦難皆源於貪欲，祇有排除七情六欲，永遠脱離世俗的纏繞，才能使自己身心安住，静若虚空。他於禪定中獲得諸佛的智慧，無量的智慧生出無量的方法，無量的方法使他獲得最終的解脱。他聆聽諸佛的教誨，從而心中生起如同諸佛一樣慈悲心性，他不辭辛苦爲衆説法，發下誓願普度衆生，關閉一切通往罪惡的門户，避免墮入苦難的地獄，並引導大衆脱離苦海，昇入净土。

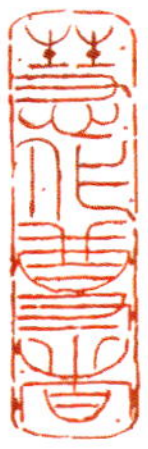

慧作尊者，爲佛在世時的一位明士。

據《佛説成具光明定意經》載，尊者曾赴迦毗羅衛國聽佛説法。佛陀住在迦毗羅衛國精舍，一天早上預知有人請教佛法精要，便命阿難請明士、除惡衆、無著、履迹四類人來，慧作即前來聽講的諸明士中的一員。尊者按照佛祖教導，恪守戒律，心清口净，其净如花如月，明亮香醇。他破除了貪、嗔、痴三毒，清除了誑、諂、憍、惱、恨、害六惑，摒弃了色、受、想、行、識五蘊魔，成阿羅漢果。

五百羅漢第一六四尊

五百羅漢第一六五尊

助歡尊者

助歡尊者，因發誓要讓佛身安樂而得名。

佛祖的宗旨與行事，是爲了濟世度人至西方安樂世界、佛國净土，因此佛家助人爲樂。佛身即是法身，法身即是自身。這裏的自身，不是世俗的自身，而是充斥佛法佛性的自身。佛陀弟子的法身是從所造就的無量功德中生出，是從修習禪定及誦念真言中生出，從心性慈悲施舍濟度中生出，從三十七助菩提法中生出。當修行者功德日益深厚圓滿時，法身便逐漸代替了世俗的自身，成爲充斥佛法的自身。雖然尊者已是功德圓滿、佛性深厚，自身充斥佛法佛性，但他仍然不間斷地施恩於大衆，清净佛土，以便使佛身歡樂。

所謂佛身歡樂，就是宏揚佛法、利益衆生。

難勝尊者

難勝尊者即難勝菩薩。原名阿逸多，意譯無能勝。印度人，唐末來中國，從事佛經翻譯。

據載，尊者生於古印度波羅奈國的一個婆羅門家庭，是佛陀同一時代人。後隨佛陀出家，修習佛法，成爲佛弟子，在佛陀入滅之前先行去世。據説佛陀曾預言，他離開此世間後，將上生兜率天宮，在那裏與諸天演説佛法。直到佛滅度後五十六億七千萬年時，才從兜率天宮下生，來到人間。

尊者學識淵博，很受同行推崇。可惜的是，無能勝來華之時，正值唐王朝日薄西山，戰亂頻仍，民不聊生，混亂的時局使他很難有一個安寧的環境從事翻譯工作。後不知所終。

五百羅漢第一六六尊

善德尊者，爲佛陀在世時的居士。

尊者未曾出家，然而持戒嚴謹，能斷除一切煩惱，清除世俗私欲，視榮辱如浮雲，視財産如流水。不僅自己喜聽佛祖講法，而且聽後隨即向他人傳播。他從佛法中攝取到無窮的智慧，專心致力於傳播和護衛大乘佛教，濟度未度者，解救未解脱者。據《大涅槃經》卷一載，二月十五日佛祖在雙樹林將要涅槃時，眉宇間放出道道光芒，遍照三千大千世界，衆生得知佛祖即將滅度，皆放聲悲號，捶胸頓足憂傷之情頓時使山摇地動，河海涌波。這時，尊者及衆弟子圍繞佛祖，以頭觸地，向佛致禮，勸請佛祖留住世間，暫莫涅槃。佛祖通過鑒别知道尊者在未來世將獲得佛的果位，能使佛法流傳世間，使佛教後繼有人，便安然入滅，生往天國。

寶涯尊者

寶涯尊者，因德行立名。寶涯，即寶海，功德之寶珠，甚多無數，不可測量，故以海喻之，言其如浩淼大海之無涯際也。

在佛教中傳説世間和佛國中間有一大海，佛法爲渡海的寶筏。尊者虔心向佛，廣行善事舉凡施舍、齋僧、修橋、補路、恤貧、撫孤等等無不爲之，平生善行無數，功德有如大海。同時，他還精研佛理，修習禪定，勇猛精進，證得阿羅漢果。

五百羅漢第一六八尊

五百羅漢第一六九尊

觀身尊者，佛家弟子。

相傳尊者天資聰穎，悟性超群；文墨書簡，過目不忘；世間諸業，欲學無難。皈依佛祖出家爲僧后，情思仍難與世俗割斷，常常被煩惱憂愁困擾，如同生活在密林之中，遮天蔽日，昏昏暗暗，自身聰慧的天性無法呈露，出家日久，仍不得佛教的要領。于是獨居反省，尋找無法解脱的原因，發現非智力不及，也非信仰不誠，而在于没能徹底割斷與世俗的重重聯系，自身仍處在生死輪回的大海之中。于是痛下决心，發誓割斷一切塵障，排除自我。從此，尊者通過苦修達到天净、地净，自身六根亦清净的境界，終于求得佛教真諦，成就阿羅漢果。

華王尊者即華王菩薩，爲十方諸大菩薩之一。

據《佛名經》卷二十一載，比丘和衆生犯罪，要至咩聲叫喚地獄受苦，「其地獄中猛火熾盛，烟焰俱發，罪人入中受苦萬端……馬頭羅刹捉鐵棒望頭而椎，罪人叫喚咩聲而走，獄卒夜叉競共打之，走藏無地，走到東門則閉，南、西、北門亦復如此。一日一夜受罪苦痛，求生不得，求死不得」。爲了清洗罪過，免墮地獄，衆生應當至心歸命諸佛，禮拜十萬諸大菩薩，虔心懺悔，華王菩薩即是應當禮拜的一尊重要菩薩。

據説念誦諸佛名號而思維讚嘆者，能得現世安穩，遠離諸難，消滅諸罪，於來世得無上菩提。有罪過者可清洗罪過，免墮地獄。

五百羅漢第一七〇尊

德首尊者

德首尊者即德首菩薩，爲十方諸大菩薩之一。

據《佛說菩薩本業經》載：「東北無極，有清蓮剎，佛名悲精進，菩薩字德首。」相傳，德首菩薩神通妙達，聲名遠聞十方，精通大、小乘，訓導大衆皈依佛法時方法巧妙，且循序漸進。傳說唐代大詩人李白降生人世，童年時頑皮貪玩，尊者爲教導李白，曾化作一婦人在溪邊磨一根粗大的鐵杵，李白好奇地問磨這樣的鐵杵做什么？婦人回答說要磨成一根綉花針。李白認爲做不到，尊者便啓發李白道：「衹要功夫深，鐵杵磨成針。」從此李白悟出了凡事必須持之以恒的道理。

據說念誦尊者名號者，能得現世安穩，遠離諸難，消滅諸罪，於來世得無上菩提。

意見尊者即意見菩薩。

尊者常參加釋迦牟尼說法之會聆聽法教。據說佛陀於毗耶離國大樹林中草茅精舍舉行法會時，他就在場。意見菩薩已歷無數百千萬億劫，修行成大威力、大神通，能持善法不使滅，持惡法不使起。他深知三世猶如幻化，如水中之月，如空谷之音。他具大慈悲心，普度衆生，到處爲大衆解說佛法，總是誨人不倦，和顔悅色，從不生嗔怒。他具有絶大智慧，他口才極好，善巧辭句，普度了無數衆生到達彼岸。

善宿尊者

善宿尊者，爲十方諸大菩薩之一。善宿，長養之意。

相傳善宿以世間無盡的痛苦，勸導衆生皈依三寶。世間諸人都未解脱生死輪回，一劫之中每個人生死死轉生無數次，一個人的遺骨堆在一起，如同王舍城毗富羅山一樣高，一人一劫中吸吮母親的乳汁，聚在一起多如四海之水；身體流出的水比四海之水還要多；臨終時親屬痛苦哭泣，眼泪聚在一起四個大海也難以容納。輪回衆生如同關在獄中不能逃脱，如同激流大河無人拯救。什麼原因使衆生不能脱離苦海呢？根源在於世俗的情愛，有愛則生，愛盡則死，如此輪回，往復無窮。善宿尊者勸導衆生皈依佛教，證得果位，便可以永脱苦海。

據説念誦尊者名號者，能消灾離難，世世平安。

善意尊者，梵名彌栗頭支多那，爲三十六部神之第十八部神王。善意，是説尊者於濟世度人中殫精竭慮、無私奉獻。

相傳尊者由天帝釋所遣，以保護並接受男子女子三歸者，主疫毒。據《佛説灌頂神咒經》云，凡受三歸（又曰三歸依，三歸戒，即：一歸依佛，歸依佛寶以爲師者；二歸依法，歸依法寶以爲樂者；三歸依僧，歸依僧寶以爲友者）之人，應當書寫善意等三十六部神王名字帶在身上，這樣可以時時刻刻獲得神王及其眷屬的護佑。具體説來，善意是主管疫毒之神，將其名字帶在身上可以不受各種瘟疫和傳染病毒的侵擾。

五百羅漢第一七五尊

愛光尊者，光明如來之子。

尊者祖父名愛敬，祖母名意樂，居住琉璃光城。其父出家爲僧，功德無量，潛心修行，得道成佛，號即光明如來。光明如來，神通廣大，法力無邊，遍身發光，照耀三千三百二十里，光明照耀之處，衆生平安，嘉禾繁衍。光明如來設壇講經，第一次講經大會收八十六億弟子，第二次講經大會收八十二億弟子，第三次講經大會收八十七億弟子。據《賢劫經》卷八記載，光明佛的弟子都獲得正果，光明佛在世時衆生安樂無比，普通百姓的壽命在一萬歲以上。

尊者受其父光明如來的影響，也出家爲僧，尊奉三寶，積功德而獲得羅漢果位。

華光尊者，即花光幢菩薩。

據《無量義經·德行品》載，尊者曾參加佛陀舉行的法會。尊者淡泊無欲，其心禪寂常在三昧，得大智慧通達諸法，開涅槃門扇解脫風，他是衆生的良師益友，懷着大慈大悲的救苦救難之心，諄諄善誘，滋潤着衆生本有的善根，使其生芽結果。他就像一艘慈船，運載衆生渡過生死河，到達涅槃岸。他還是個大醫王，精通藥性，善辨病因，隨病授藥，藥到病除，能使盲者生明，聾者生聰，劓者生鼻，啞者出聲，身體一切毀缺，皆能復原具足。

據說供奉此菩薩，身體康健，青春常駐。

五百羅漢第一七六尊

五百羅漢第一七七尊

善見尊者，名阿闍多，意譯善見，即善見菩薩，是古印度摩竭陀國國王。

據《涅槃經》載，在他降生前其父請相師爲之占卜，說他將來必害父母。於是在他降生後，即被由窗口拋下，然大難不死，僅傷其一指。隨着年齡日增，結交邪惡少年，惡迹昭然。後囚禁父母，繼承王位，率兵征討鄰國，塗炭生靈，而受到天懲，致遍體生瘡，久治不愈。後請名醫時縛迦醫治，時縛迦將他介紹給佛陀。佛陀爲他講經，使尊者皈依佛法，懺悔前罪，並在其國內廣泛提倡佛教。佛陀滅度後，他成爲護法王，協助迦葉完成了第一次結集。他命終後，因生前的罪惡，墮入賓吒罪地獄；後由於後半生的功德，刹那間從地獄昇入上方佛土。彌勒佛出世時，他再次輪回世間，名不動菩薩，最終獲得佛的果位。

善根尊者

善根尊者，因德行立名。

佛教以身、口、意三業之善，牢固而不可拔動，謂之根；又善能生妙果，生餘善，故謂之根。《維摩詰經・菩薩行品》曰：「不惜軀命，種諸善根。」註引鳩摩羅什語曰：「堅固善心，深不可拔，乃名根也。」具體來說，有三善根，《十注毗婆沙論》卷一曰：「善根者，不貪、不恚、不痴，一切善法皆從此三生。」《智度論》卷三十亦謂：「一切諸善法皆從三善法增長。」修行者必須重視身、口、意三業的造作，平時種諸善根，到時就能取得諸善果。尊者刻苦修行，不惜軀命，種諸善根，勇猛精進，成阿羅漢果。

五百羅漢第一七八尊

五百羅漢第一七九尊

德頂尊者

德頂尊者，即德頂菩薩，《佛名經》將其列爲十方諸大菩薩之一。

佛教認爲：世俗衆生，輪回往復，痛苦無窮。降生苦，患病苦，臨終亦苦。死後，墮入地獄，受刀林之苦；轉生餓鬼，受饑餓之苦；轉入畜道，化生虎豹豺狼，受殘食之苦。要想擺脱諸苦，跳出生死輪回的循環，獲得正果，昇往極樂净土，衹有皈依佛教。因此尊者常教導衆生脱離世俗和苦海，皈依佛法。

據説念誦德頂菩薩，能消滅諸罪，遠離苦難，獲得平安和保佑。

妙臂尊者

妙臂尊者，即妙臂菩薩。妙臂，梵語蘇婆呼的意譯。蘇婆呼，又作蘇波胡。

尊者爲胎藏界曼荼羅虛空藏院虛空藏菩薩第二位，密號悉地金剛。主虛空藏吉祥之德。所謂虛空藏，是指空慧之庫藏猶如虛空，也指包藏一切功德如虛空。據《大集經》卷十四《虛空藏品》記載，佛陀解釋虛空藏之含義云：「譬如大富長者，多諸民衆，無量庫藏財寶充滿，能行布施，心無慳吝。若行施時，貧窮往者，隨意所須，開大寶藏，悉能給與，彼諸衆生者得適意。長者施已，心喜無悔。」尊者即協助虛空藏菩薩「於虛空中，隨衆生所須，若法施，若財施，盡量施與，盡令歡喜」。

五百羅漢第一八一尊

龍猛尊者

龍猛尊者即龍樹菩薩。又稱爲「現相羅漢」。因係樹下所生，以龍成道，號稱龍樹。南印度婆羅門種姓。爲印度大乘佛教中觀學派之創始人，人稱顯密八宗之祖師。後被禪宗尊爲西天二十八祖之第十四祖。

尊者自幼穎悟，天文、地理、圖緯、秘藏，無不通曉。曾與契友三人修得隱身之術，至王宮侵凌女眷。事情敗露後，三友人均爲王所斬，僅他一人得以幸免。尊者由此而悟愛欲乃衆苦之本，即入山詣佛塔。出家後，廣習三藏，但未能利。後生邪慢之心，大龍菩薩憫之，將他引入龍宫，授以無量之大乘經典，尊者方體得教理。曾前往南天竺教化信奉婆羅門者。此後大力弘法，樹立大乘教學之體係，使大乘般若性學説廣爲傳布全印度。晚年住於南印度之黑峰山，門下弟子有提婆等。據《龍樹菩薩傳》載，有一小乘法師，以嫉恨之故，不願師久住於世，尊者知曉後，即入静室，行蟬蜕而去。尊者造論甚豐，如《中論頌》、《十二門論》等，有「千部論王」之譽。後世尊師爲中觀派之祖。

弗沙菩薩

弗沙尊者即弗沙菩薩，爲二十八宿之一。

據説釋迦牟尼佛所住的娑婆世界之外，還有無量恒河沙數世界，弗沙菩薩便爲其中一員。相傳當弗沙菩薩聞知佛陀將演説無上妙法，便來到娑婆世界禮佛聽講。因弗沙菩薩有大威力、大神通，所以釋迦牟尼在《佛名經》中將他列爲衆生應當至心歸命的大菩薩之一，對他禮敬懺悔可免灾避禍，免墮地獄受苦。

五百羅漢第一八二尊

德光尊者

德光尊者，北印度鉢伐多國人，原爲古印度約六世紀時之王子。

相傳過去無數劫以前，在佛教流行的疆域內，有一國王名叫安真無，主宰着閻浮利地域。國王的太子名叫德光，其人相貌端正，威儀絶妙。據《佛説德光太子經》記載，德光太子出生七天，便智慧博達，佛教及世俗的一切他都了若指掌，國王歡喜異常，釋放了獄中的所有囚犯以報答天佛的恩賜。一日午夜時分，吉義如來親臨德光太子的住處，告誡德光要遵守佛戒，不睡眠、不嬉戲、不歌舞、不聽音樂、不觀看歌舞、不外出游山玩水、不貪圖安逸、不貪戀財産、不留戀家庭、不取國庫的錢財、一切世間的物質都不要留戀。於是，德光太子獨處居所，不敢自我放逸，遠離所有的愛欲。德光長大成人之後，諸佛菩薩親自前來爲他講説佛法，太子徵得國王同意，廣爲施舍，利益衆生，使國民安居樂業，猶如生活在極樂天國。

散結尊者

散結尊者爲佛祖在世時的明士。散結，消除煩惱、與人慰藉之意。

據《佛説成具光明定意經》記載，佛祖在迦毗羅衛國精舍時，有一天預知尊者等將來禮拜，於是廣開法筵，讓阿難邀請明士等衆人前來聽經説法。尊者即爲當時聽經者之一，並因此次聽佛祖講法，悟得真理，破除了三毒五魔，擺脱了衆煩惱，修成殊妙之行，心清口浄，浄如月花，證得阿羅漢果。

淨正尊者

净正尊者，即唐代禪宗高僧懷海。俗姓王，祖籍福州長樂。

尊者生於唐玄宗開元八年（公元720年），少小出家，法號懷海，精通戒、定、慧三學。成年後仰慕禪法，乃拜在馬祖玄素門下，心心相傳，悟其奧意，得其秘傳心意，爲報答玄素禪師的教誨之德，多年隨侍左右。後在江西奉新百丈山自立禪院，教授禪法，門徒雲集。懷海大師在佛教原有戒律基礎上，重新制定清規，率衆弟子共同遵行，並以從事墾殖來解決僧衆的飲食，提倡：一日不做，一日不食。事稱其戒律爲百丈清規，天下寺院無不奉行，成爲清净正法。唐憲宗元和九年（公元814年）圓寂。

五百羅漢

粉彩瓶

186

善觀尊者，即善觀菩薩。

據《最勝問菩薩十住除垢斷結經》所載，他曾參加佛陀在毗舍離城奈氏樹園舉行的法會。並已獲致總持，即持善法不使滅，持惡法不使起；已入禪定三昧，做到定、受、調直定。所謂定，即正心行處，息慮凝心，心定于一處而不動；所謂受，即正受所觀之法；所謂調直定，即調心之暴，直心之曲，定心之散。他不僅自身解脫，還普濟世人。

大力尊者，又稱大力王、大力金剛，爲八大天神之一。

據《佛本行集經》卷二十九載，佛陀在菩提樹下入定，即將悟道時，驚動了諸兇神惡鬼，他們害怕一旦太子得道，將不能爲所欲爲，於是群起而攻之。惡鬼口吐長舌，圓瞪雙目，搖頭晃腦逞威；黑身羅刹女手執髑髏，施幻術誘惑；惡魔雙眼噴火焚燒；諸鬼化作虎豹豺狼，狂聲怒吼；魔王波旬手執利劍恐嚇。佛陀已具相當神力，諸魔鬼雖然咄咄逼人，却不能近身；此時，尊者等八大天神唯恐佛陀有失，各自呈現十六種化身，驅趕魔鬼，保護佛陀。後來尊者成爲護法金剛，保護佛法。

電光尊者

電光尊者，即電光菩薩。

尊者常參加佛陀舉行的法會，聆聽體證佛理的妙旨。據《大方等大集經》卷九載，佛陀講到「正法」之事，在座的諸大菩薩同聲對佛陀說：「世尊，我等當共同護持正法，受持廣說。」佛陀問：「善男子，汝今云何如法而護持正法？」尊者答云：「世尊，若隨他心不能護法，我隨自意故能護法。」可見，尊者以明心見性，自心不爲外物所役，得大自在，亦即心離煩惱之束縛，通達無礙，由體起用，化諸衆生。

五百羅漢第一八八尊

寶杖尊者，即寶杖菩薩。

據《佛説維摩詰經》卷上《佛國品》載，尊者曾在毗耶離庵羅樹園聆聽佛祖講經。其智慧與德行具足，可以隨諸佛旋轉法輪永不停息，讓佛法永駐世間，引導衆生脱離生死輪回的痛苦與恐懼，關閉通往一切罪惡的道路，轉而走向極樂世界。世間衆生形形色色，各有所好，尊者善於用各種巧妙的方法導引愛好不同的衆生走向理想的净土。尊者對世間做出了無盡的功德，所到之處，如同光明驅散黑暗，甘露滋潤禾苗。尊者以佛法爲兵杖，護持佛教教義，震懾外道，使之皈依佛教。

善星尊者

善星尊者，即善星比丘，乃佛陀爲太子時所生之子。

據《大方廣三戒經》、《大般涅槃經》等載，尊者曾隨侍佛陀二十年，期間讀誦佛經十二部。出家後，斷欲界之煩惱，獲得四禪。後因親近惡友，認爲無涅槃之法，起否定因果之邪念，且對佛陀起惡心。一次，佛祖住在王舍城，於初夜爲天帝釋闡說佛法精要。根據當時的習俗，弟子應服侍師父睡下後才能休息。尊者見佛祖久說不倦，心生惱恨。他想起王舍城中，若有小孩啼哭不止，父母便嚇唬說：「再哭就把你交給薄拘羅鬼。」於是，對佛祖進行恫嚇：「快回禪堂去，薄拘羅鬼來了！」受到佛祖的斥責。於是四禪退失。其後，佛祖經常爲善星專門說法，但他仍惡心不改，遂以生身墮入阿鼻無間地獄。故稱闡提（即不成佛之意）比丘，又稱四禪比丘。經地獄之苦，遂改惡從善，勤修梵行，證得阿羅漢果。

五百羅漢第一九一尊

羅旬尊者

羅旬尊者俗稱薄命比丘。羅旬，又作羅旬喻，爲佛陀的聲聞弟子。

羅旬生來命薄，他出生時，相師説他無相，故不爲父母所愛。十二歲時即被逐出家門，以乞食爲生，佛祖讓阿難勸其出家，並爲其取羅旬。因羅旬生來薄命，出家爲比丘後，不但自己遭殃，而且經常連纍衆僧，化來的齋飯不翼而飛，讓衆人枉受饑渴之苦。佛祖爲查尋緣由，將衆僧分作兩批同時進食，其中一批的飲食瞬間消失；再將未得到飲食者又分兩批同時供給飲食，結果一批弟子能吃到，另一批弟子却吃不到；如此展轉，最終只剩二人，放到羅旬鉢内的飲食轉瞬即逝。後來，羅旬受佛祖福力加持，鳥獸不敢侵害，食物不再消失。波斯匿王聞聽此事，特遣使者送米爲羅旬設福。後精進不息，諸事如意，終成羅漢果位。

慈地尊者

慈地尊者，即慈地比丘，原爲六群比丘中第一惡者。

據《四分律》、《摩訶僧祇律》等記載，慈地比丘不遵戒律，尤好誹謗他人。沓婆摩羅子是佛陀大弟子之一。佛陀稱贊他說：「我弟子中分僧卧具者沓婆摩羅子最爲第一。」當時分配僧人卧具的辦法是「隨上座次第，隨應得處與」，即僧人的地位身份越高，得到的房屋用具越好。一天，慈地比丘來到羅閱城中，因他地位較低，分得房屋和卧具都很差，他便對沓婆摩羅子心生憤恨。他指使其妹慈比丘尼在佛陀舉行的法會上誣稱沓婆摩羅子奸污了她，被佛陀識破。佛陀斥責了慈地比丘的罪過，並對他耐心教育，慈地比丘終於改惡從善，誠心修行，修成阿羅漢果。

五百羅漢第一九三尊

慶友尊者

慶友尊者，即難提密多羅，慶友爲其意譯，爲十八羅漢中之第十七降龍羅漢。

相傳佛滅後八百年時，尊者降世於師子國（今斯里蘭卡），是當時著名高僧。古印度有惡魔波旬，他煽動那竭國人四處殺害和尚，盡毀佛寺佛塔，將所有佛經劫到那竭國，並收藏在龍宮裏。後來慶友尊者降服了龍王，取回佛經，因此人們稱他爲降龍羅漢。慶友圓寂時，將十六大阿羅漢的法名和住址告訴了身邊的弟子，其弟子將他臨終前的述説撰文成書，即著名的《法住記》。唐代高僧玄奘大師譯成漢文之後，十六羅漢的名稱於是廣爲流行。唐代以後，漢地佛教界爲表彰慶友的功德，將他列爲第十七羅漢，位列玄奘之前。

世友尊者

世友尊者，梵名伐蘇蜜多羅，又作婆須彌多、和須彌多，是說一切有部之初祖，約一、二世紀時北印度犍陀羅國人。

據資料記載，迦膩色迦王在迦濕彌羅舉行第四次結集時，尊者任五百聖賢之指導者，被尊爲上座，編集《阿毗達磨毗婆沙論》，總結說一切有部學說理論，與法救世主、妙音、覺天等被譽爲婆沙四評家和婆沙四大論師。並著有《異部中輪論》一卷，敘小乘之二十部，被尊稱爲世友菩薩。

五百羅漢第一九四尊

五百羅漢第一九五尊

滿宿尊者

滿宿尊者，六群比丘之第六位。原爲外道信徒目犍連的弟子，後隨師一起皈依佛教。

佛祖在世時，有馬師、迦留陀等惡比丘六人，結黨多作非威儀之事，被稱作六群比丘，滿宿位居第六。佛法的很多戒律，都是因滿宿等而制定的。據《增一阿含經》載，一日夜間衆比丘聚集在佛祖周圍聽經，然佛祖沉默不語，衆人不解其意。目犍連入三昧定，觀尋事情根源，發現是滿宿、馬師二人又違戒律，衹得讓二人離開講經堂。後來在衆人的勸導下，滿宿改惡從善，對目犍連格外尊重。佛祖涅槃前，尊者與馬師二人對目犍連爲外道杖殺非常氣憤，動用大力士神力，將諸外道盡皆殺之。由於這一過失，轉生爲龍。尊者誠心歸佛，潛心修行，多行善事，終得阿羅漢果。

闡陀尊者

闡陀尊者，乃净飯王之僕役，爲佛陀出家時隨從之馭馬者。

相傳佛祖離家出走時，尊者爲其御馬。佛陀證道歸域時，隨佛陀出家爲比丘，但惡口之性不改，犯罪亦不悔過，與諸比丘不和，被稱爲惡口闡陀。佛陀將要涅槃時，阿難請示佛陀，如何與闡陀等惡行比丘相處。佛陀敕阿難以默擯之法治之，説：「我滅度後，若彼闡怒不順威儀，不受教誡，汝等當共行梵檀罰，敕諸比丘，不得與語，亦勿往返教授從事。」此爲今後世佛弟子與不受教誡者相處之道。佛陀入滅後，弟子依法治之，尊者始悔悟，後隨阿難學道，而證得阿羅漢果。

五百羅漢第一九六尊

五百羅漢第一九七尊

月净尊者，是南竺香至國王的長子。

相傳香至王崇奉佛教，經常邀請佛教第二十七祖般若多羅進宮講説佛法，並施給般若一顆無價寶珠。月净也崇敬佛法，雖未出家爲僧，但是居家持戒，誦經修禪，從不間斷。一日，般若多羅測試月净等兄弟三人的智慧，拿出香至王施予的寶珠給他們看，月净原不知父王施給般若多羅寶珠，然而慧眼詳觀，馬上鑒知寶珠的來歷，月净説：「這顆珍珠是無價之寶，世間沒有再勝過它的珍珠了，除了父王，無人能得到它，這顆珍珠是父王施給您的。」此後，月净等三兄弟都出家爲僧，三弟菩提多羅成爲佛教二十八祖，月净本人獲羅漢果位。

大天尊者，梵名摩訶提婆，意爲大衆部之始祖。生於佛滅後百餘年，乃中印度末土羅國人。

相傳，大天長大之後，不敬父母。他深知自己罪業深重，便到鷄園伽藍出家爲僧。大天聰慧好學，善於思考，提出關於教義的五條新見解，遭到上座部教團長諸長老比丘的反對。但國王阿育王傾向大天，將上座部諸僧引到一條河邊，準備通通溺死。衆僧在即將喪命的時刻，紛紛施展神通，逃到迦濕彌羅國去了。大天的學説受到了一些人的尊崇，這些人被稱爲大衆部，大天被視爲大衆部的始姐。

净藏尊者

净藏尊者，爲早前光明莊嚴國妙莊嚴王之長子。

據説，妙莊嚴夫婦信奉婆羅門外道，經常詆毁佛教。時雷音宿王華智佛想引導妙莊嚴夫婦皈依佛教，遂遣夙信佛法之藥王菩薩和藥上菩薩轉生到妙莊嚴王家爲其子。長子名净藏，次子名净眼，他們明了通達三十七品助道法，並長期修煉菩薩净三昧、日星宿三昧、净光三昧、净色三昧，因此得無限神通力。他們憐父王之邪見，躍上虛空，爲之演種種奇瑞，身高數十丈，身上出水，身下出火，妙莊嚴王看後大喜，悟得佛理，遂率夫人净德及群臣子民，皈依了佛教。

净眼尊者

净眼尊者，爲早前光明莊嚴國妙莊嚴王之次子。

據《法華經》記載，早前光明莊嚴國的國王名爲妙莊嚴王，邪風熾盛，不信佛法。净眼和其兄净藏則不然，他們夙信佛法，憐憫父王邪見，還躍上虛空演示種種神通，身上出火，以此神通勸説父王皈依佛教，使父王翻心至佛所，得法華利益。

波羅密尊者，即濟度羅漢，中天竺人，刹帝利種姓。

尊者十歲出家，學大乘教法，又學律藏，博通戒綱、心樂、禪思。十二年間刻苦攻讀，手不釋卷。學成後游印度各大名寺，尋訪名師，他佛學精博，志在傳教，親率僧俗十人前來中國。路經突厥北面可汗葉護衙帳，爲可汗説法，深得可汗崇敬，並被挽留。唐武德九年(公元626年)，高平王使突厥，將其迎入長安，受到唐高祖的接見。高祖病逝後，太子繼位，命尊者居興善寺，主持翻譯佛經，譯出《大莊嚴經》三十五卷。貞觀六年(公元632年)冬，唐太宗敕命將所譯佛經繕寫十部，頒賜全國大寺，使之流傳海內。次年，尊者于勝光寺圓寂，衆弟子收其舍利，建塔於勝光寺供養。據《法華經方便品》，尊者救度群迷，化導衆生證入覺悟之境界。

俱那含尊者

俱那含尊者，賢劫中之第二佛過去佛，過去七佛中第五佛。尊者於人壽三萬歲時出生於清净域。據《長阿含經》載，尊者曾舉行過一次説法集會，有三萬弟子參加。

俱那含，又作拘那含、拘那牟尼、迦諾迦牟尼、羯諾迦牟尼，意譯曰金寂、金仙人。

三昧聲尊者，大梵天的變化身。梵名摩訶婆羅賀摩，意爲清净、離欲。爲佛陀的護法天神。與濕婆、毗濕奴原是婆羅門教和印度教的創造神，合稱爲三大神，主宰三千大千世界，是世間衆生的創世神。

據傳，尊者既是創造之神，同時卻又是毀滅之神。能使世間安穩，萬物興盛，也可使世間灾難叢生，衆生苦惱。他誠心誠意崇奉佛法，每當一代新佛出世，他首請轉法輪。在佛陀出世後，他創造出古梵文教誨大衆，功德無量，終成正果。

佛教有三界之説，其中欲界爲具有食、色之欲的衆生所居。欲界之上爲色界，爲已離食、色之欲的衆生所居。色界衆生爲諸天衆，又可分爲初禪天、二禪天、三禪天、四禪天等。尊者即爲初禪諸天之王，故又稱「大梵天王」。在佛教藝術中，常以人間帝王的形象出現，常和帝釋天一起隨侍於佛陀左右。

五百羅漢

粉彩瓶

菩薩聲尊者，佛之弟子。菩薩，梵文菩提薩埵的略稱，爲追求成就佛果的大乘修行者。

《翻譯名義集》卷一引僧肇釋：「菩提，佛道名；薩埵，大心衆生。有大心入佛道，名菩提薩埵。」又引法藏釋：「菩提，此謂之覺，薩埵，此曰衆生。以智上求菩提，用悲下救衆生。」

尊者修持大乘六度，精進勇猛求大菩提，用諸佛道成就衆生。

五百羅漢第二〇五尊

吉祥咒尊者

吉祥咒尊者，佛之弟子。吉祥咒，吉祥能持，邪惡不侵之義，故名。

尊者以救護衆生苦難爲自己的誓願，能在危難之時保護一切衆生。夜間，如果衆生遇到夜叉、羅刹、狂顛、厭蠱、荼枳尼、王賊水火等鬼怪爲害，尊者便會前來保護衆生。人行路受强盜攔截，或受深山中惡禽獸襲擊，或路途艱險，途中饑饉，以及在大江河湖海中航行遇難，尊者也會前來救護。若受狂風暴雨之灾，霹靂雷電之害，天空星變，日蝕月蝕，人生疾病，尊者也會前來救助。他能保護衆生，並使信衆變得聰慧無比，智能超人。

據説供奉此尊者，能消灾滅難，爲一生帶來平安。

鉢多羅尊者

鉢多羅尊者，印度僧人。

五代十國時期，尊者於前蜀光天元年(即後梁貞明四年，公元918年)自印度摩伽陀國來到四川，自言行程九萬九千三百八十里，時年二百七十歲。按慣例，中印僧人交流往來多從長安西行，出敦煌經今新疆及中亞等地到印度，即多走西北路綫。而尊者却從印度跨越古代所謂西南夷地區崇山峻嶺到達中國，爲經此路綫到達中國的第一位印度高僧。

五百羅漢第二〇七尊

無邊身尊者，即無邊身菩薩，居於意樂美音世界。

據《大般涅槃經》卷一載，尊者身軀龐大無比，每一毫毛孔裏生出一朵蓮花，每一蓮花上有八萬四千城，城墻上裝飾着七種寶物，城内街道寬闊，兩旁種植七行多羅寶樹，花果茂盛，微風吹來，發出如天仙演奏的音樂。城内河中妙水盈滿，清净香潔，水中有七寶船，衆生在河中嬉戲、浴身。城中住宅如花園般美麗，宅内花香水净。城中各居住着八萬四千個國王，周圍又有無數臣民，豐衣足食，安樂吉祥。尊者威德無量，外道不敢欺凌衆生。每當他出行時，大地都會發生六種震動；當他與其他衆菩薩同堂而居時，其他衆菩薩便會黯然無光，神通力消滅。

賢劫首尊者

賢劫首尊者，即賢劫菩薩。

據說佛祖在一次法會上念誦了過去無數諸佛念誦過的咒語（即「善治七十二種病憂惱陀羅尼」、又稱「拔五種陰無明根本陀羅尼」），如：「南無佛陀，南無達摩，南無僧迦，南無摩訶梨……」。並命尊者和彌勒菩薩在未來向大衆宣說此咒，以使衆生永不犯諸惡，除盡一切煩惱。

五百羅漢第二〇八尊

五百羅漢第二〇九尊

金剛味尊者

金剛味尊者，即金威力菩薩，是佛教的保護神，居於妙高山頂三十三天帝釋宫中的最勝樓閣。

據《佛説境界攝真言經》記載，尊者已具備佛的種種智能，威力最强，爲諸金剛中威力最强勁者，被喻爲最勝上味。能證入一切如來觀察智大瑜珈，具無量神通，能隨心所欲，變化自如。尊者能隨衆生所願，巧妙地施展神通使其各遂其願。同時他又嫉惡如仇，憑借自己的無量神通降伏世間惡魔及外道，爲保護佛法而建立了無量功德。

乘味尊者

乘味尊者即乘味禪尊者，唐代高僧，荊州人。乘味，圓通方便之義。

尊者博學多聞，精研佛典，德行高淳。爲了深究佛學真諦，與同州禪僧法振禪師、梁州禪僧乘如禪師一起，由海路前往印度。在折返途中，圓寂於瞻波。他能按衆生之差別，不生搬硬套佛法佛理，靈活方便地啓迪，使衆生能達到覺悟境界，從而獲至正果。

婆私咤尊者

婆私咤尊者，爲佛陀弟子。爲虛空藏院千手觀音之左脅侍者，乃觀音二十八部衆之一。於密教中，位於胎藏界曼荼羅外金剛部之東方。

尊者生於婆羅門種族，傳說其爲印度吠陀時代《梨俱吠陀》第七卷讚歌之作者。原爲邪見外道，自命不凡。執一切覺、草木有命之邪說。據《大智度論》卷三載，得罪後全身陷没地獄中。從地獄出來後位列佛陀法會，受佛陀教化。後改惡從善，歸皈佛法，證阿羅漢果。

心平等尊者，佛之弟子。心平等，指證諸法平等之理，對一切衆生無怨親等差別之見。

佛教認爲，人在懺悔時常生有七種心境：一、生大慚愧心；二、恐怖心；三、厭離心；四、發菩提心；五、冤親平等心；六、念報佛恩心；七、觀罪性空心。所謂冤親平等心，即對一切衆生無冤無親，同起慈悲無彼我之相，平等救度。尊者遵循佛祖教導，對待冤賊仇敵和父母親屬一視同仁，發大慈悲心，普度衆生。因此他的佛性修習已達心性完全平等的境界。

五百羅漢第二一三尊

不可比尊者，佛之弟子，獲佛的果位。不可比，指佛的德行是不可比的。

相傳尊者遍行世間，廣説佛法，勸導衆生弃惡從善。他告誡衆生不要離開善良的朋友，更不要遠離諸佛和諸大菩薩，邪惡的勢力猶如魚鈎上的餌料，引人誤入魔途如蛾赴火。今世多行善事，轉生會有好的報應，否則就會沉入無邊苦海，爲羅刹鬼所吞食。天資聰穎者也要行爲謹慎，否則衹會自尋煩惱，若一心追求自身的利益，聰慧的心靈就會被烏雲所遮蓋。衆生若自身即將獲得解脱時，仍要具有佛一樣慈悲的心性，救助那些處於痛苦之中的人們，不可有片刻的猶豫。衆生信奉不可比尊者可獲得極大力量和無邊的幸福。

樂覆藏尊者

樂覆藏尊者，佛之弟子。

佛教認爲，修行佛法之人，入諸禪定，一心清净，萬慮俱止，可使身心愉悅，獲得出家樂、遠離樂、寂靜樂、菩提樂、涅槃樂等五樂。世間衆生多惑業煩惱，出家達道，可永斷此苦；遠離欲界之愛欲煩惱，可生禪定之樂；澄心寂靜，可發深妙之樂；成無上道，可於法界得自在之法樂；離生死之苦，可入於無憂餘涅槃，獲究竟寂滅之樂。尊者出家修習禪定，經歷了自初禪以至涅槃的過程，體驗了每個禪定階段的妙樂。

五百羅漢第二一五尊

火焰身尊者，即火焰身菩薩。密號常住金剛，爲佛教五大明王之主尊。

尊者能自出猛火，降伏異端，在佛教密教中，大日如來是一切諸佛的總體，不動明王是一切諸佛的教令輪身。不動明王奉行大日如來的教令，表示出忿怒形相，他能念動真言，施展神通力。顯現出種種變化身，降伏世間的一切惡魔，收服世間的一切外道。不動明王在密宗中極受推重，人們祭祀、祈禱他降伏罪惡，以保護佛教，普降愛敬，超度已逝的亡魂。

尊者保護佛法，功德具足，雖然早在大日如來蓮花臺前已經成佛，但他要作大日如來的童僕，供大日如來役使，所以又稱之爲不動使者。

頗多墮尊者，全稱賓頭盧頗羅墮，爲十六羅漢之第一尊。

據《賓頭盧突羅闍爲優陀延王說法經》載，尊者本是跋蹉國拘舍彌城優陀延王宰相之子，自幼聰明博聞，出家學道，修得羅漢果位，以神通見長。相傳佛祖在王舍城時，樹提居士將一木鉢高高懸起，並聲言若有沙門能不用梯杖取下此鉢，鉢便歸其所有。尊者即入於禪定，借神通力騰空而起取下木鉢，佛因他在未受戒人衆面前妄自顯弄神通，不准他入於涅槃，命他率一千阿羅漢常住西瞿陀尼洲，爲衆生廣殖福田。後來，東晉高僧道安夢見尊者因不得入涅槃住在西域，願相助弘傳佛法，請以飯食供養。因此在佛教寺院中，常將尊者之像供奉在食堂中，稱之爲聖僧。

斷煩惱尊者

斷煩惱尊者，佛之弟子。

佛教認爲，世間衆生之苦，皆源於煩惱。由煩惱而做出諸多惡業，前世惡業之因，報爲今生之苦，世世轉生皆苦。尊者善於斷除衆生的煩惱，他告誡大衆：煩惱切斷了衆生的慧根，是一切衆生的怨敵。世人由於愚痴貪昧，做出許多惡事，其後果如同激流的江河將衆生漂入生死大海不能得救，係於生死地獄不能逃脱。並勸導衆生皈依佛法，增益佛性，可使心性清净煩惱不生，洗滌掉往世造就的無量惡業，增益善心，永獲解脱。世間煩惱衆生祈禱尊者，可清除煩惱，心静情寂，視名譽財利如浮雲，一生安樂自得。

薄俱羅尊者

薄俱羅尊者，因像貌端正、身材偉岸而名。修行八十年未曾病，從未服過一粒藥，壽命極長，又被稱作「長壽第一」。

據説，尊者因將一枚呵梨勒果藥布施，九十一劫不墮惡道，受天人福樂，他最喜卂，修道八十年，從不爲人説法。阿難問他：「你爲什么不爲人説法呢？是不是因爲没有辯才，缺乏智能？」他説：「我既不乏辯才，也不乏智能，衹是喜歡安静，不喜熱鬧，才不説法。」故又被稱爲「省事第一」。他自出家修道後，從不偃卧而眠，始終結跏趺坐，未曾倚樹倚壁。

五百羅漢第二一九尊

華光尊者，原爲一老鬼，因與一少鬼吃一死人而發生爭吵，後爲一僧人點化，得羅漢果位。據《智度論》載，有一個匆匆趕路的人，夜間未能投宿客店，借住在一所外教的神廟裏。有一老鬼扛着一具死屍也來到此廟，想吃掉充饑，隨同進來一位小鬼，打算奪走死屍吃掉，雙方爭執不下，就請行路人爲他們作證，行路人暗想，我說實話亦死，說假話亦死，寧肯說實話去死也不說假話死。於是，他作證屍體是老鬼扛來的。少鬼大怒，當即把行路人吃掉，衹剩下頭和兩手兩足。老鬼認爲行路人爲自己喪生，心生慚愧。便把少鬼吃剩下的頭和手足換在自己身上。天亮后，老鬼來到一座佛教的寺院門前，向寺僧詢問：這頭和手脚是我自己的呢，還是別人的呢？寺僧詢問了事情的經過，對他說：世上萬物多是水、土、風、火四大精華組成，這個頭及手脚與身體有什么區別呢？老鬼感悟到佛理深奧，無所不包，遂入寺爲僧，發願行善，饒益有情。

護妙法尊者

護妙法尊者，即隋代僧人慧遠，俗姓李，敦煌(甘肅)人。

尊者十三歲隨沙門僧思出家，後博覽大小乘經典，習《四分律》，後專事法上，盡學餘部。不久後攜學侶還回高都(山西晋城)清化寺，四衆合建講堂。後值北周武帝滅佛，敕命廢經毀像，並令沙門還俗。衆皆莫敢抗諫，尊者獨挺出與帝辯駁，招至武帝毀滅佛法。爲使佛法傳于後世，他隱居深山，誦《法華》、《維摩》等經，從不間斷。

隋朝建立後，尊者於洛邑大開法門，遠近望風來歸，爲文帝所重。曾數度應召親臨御席，後居興善寺。不久又移居净影寺，專事講學，故又有「净影寺慧遠」、「净影」之稱。開皇七年(公元587年)敕爲大德，十二年入寂，世壽七十。尊者一生著有《一切經音義》、《大乘義章》、《大涅槃經義論》、《十地經論疏》等二十餘卷，被視爲佛經註釋家泰斗。

最勝意尊者，即最勝意菩薩。尊者的誓願爲最勝、最樂、最善、最高妙，故名最勝意。

相傳尊者不僅身心清静，功德圓滿，而且還常住世間，廣化衆生，多行善事，增益佛性。他心懷慈悲，助救衆生脱離苦難從未間歇，勸導衆生滅除罪惡，引導衆生排除修行道上的障礙。他勸導世間帝王及權貴要多行善事，因爲生死輪回注定其終有尊極福盡之時。如果今世作惡多端，來世可能轉生牛背上的蛆蟲；如果治國懈怠無功，如抱石沉淵，求得出頭之日實在困難。並經常勸説世間平民百姓多行善事，强調因果報應，使衆生趨利避害，受益頗深。

須彌燈尊者

須彌燈尊者，佛之弟子。須彌，山名，譯作妙高山、妙光山。須彌燈是須彌山王者的名號，居東方三十六恒沙國須彌相世界。

據《阿彌陀經疏》云：「須彌燈者，須彌云妙高，妙則三智圓融，高則超過因位，燈則喻三智遍照也。」所謂須彌，即聲聞緣覺之智、菩薩之智、佛智「三智圓融」，兼容相含，普照衆生。尊者先天者有如來藏，以自己的法力精勤不懈地普度衆生通往佛土，遂證得阿羅漢果。

設特伽尊者

設特伽尊者，即摩訶目犍連，簡稱目犍連、目連，佛祖十大弟子之一。能神足輕舉，飛行十方，人稱「神通第一」。

相傳尊者的父親爲古印度摩竭國一富翁，名富相，十分敬重僧尼。但其母青提夫人卻視僧尼爲仇人，死後墮入阿鼻地獄。尊者在舍利弗帶動下，投奔佛祖，修得羅漢果位後，在阿鼻地獄，見她日日遭受銼腰錐背、刀刺火燒諸種苦刑，面容憔悴，切骨痛心，乞來飯食喂哺，未及到口，即變成灰炭，目連求救於佛祖，佛祖告訴目連在七月十五日延請十方僧衆廣設盂蘭盆會，超度衆餓鬼，使其母脫離地獄。

彌沙塞尊者

彌沙塞尊者，爲優波鞠多的五個弟子之一，創化地部。

據《玄應音義》卷二十三：「此羅漢在俗爲王國師，匡爲土境，故名化地；今入佛法，佛法如地，又匡化之，故以名也。」又據《拾毗尼義鈔》載，尊者總是身穿一件青色袈裟，他對佛教經義研究精深，理解深妙，可謂「禪思入微，究暢玄旨」。

五百羅漢第二二五尊

善圓滿尊者，佛祖著名的聲聞弟子，原爲古印度輸波羅伽國最富有的商人。

據《根本説一切有部毗奈耶藥事經》卷四載，古印度輸波羅伽國有富貴長者名自在，有四子。幼子名圓滿，見其父出海經商，也萌發出海之念。父以其年幼，讓他在城内經營店鋪。尊者不欺不詐，生意興隆，獲利頗豐。自在死後，尊者未分得遺産，艱苦度日。一天偶然得到一根牛頭檀香木，爲輸波羅伽國王出四億兩黄金購買以治熱病，圓滿用三億兩買進一批貨物，轉手獲得比原價高三倍的利潤；又六次出海，次次安全返回，增殖財富不可勝計，成爲全國最富有的商人。一日，尊者聞喬答摩王子捐弃王位，出家爲僧修得正果，便親往給孤獨園聽佛祖説法，在佛法啓示之下，毅然捨弃家産，剃度爲僧，做出種種功德。

波頭摩尊者

波頭摩尊者，即波頭摩菩薩。

據《大方廣佛華嚴經疏》卷十七云：「波頭摩者，此云亦蓮花，身心如蓮花，净無塵垢」。可見，尊者在無數劫中供養無數諸佛，勤修不懈，身心俱净，已成正果。他還具大慈悲心腸，曾到法樂講堂勸請佛祖說法以度衆生，並希望衆生皆得度脱。

五百羅漢第二二七尊

智能燈尊者，即智能燈佛。智能能破愚疾之暗，故譬之以燈。

佛祖得道前，曾經有過相當多次數的轉生，次次轉生，都積有功德，最後所積功德無量，才取得正道，獲得佛果。佛陀的前世身曾轉生在一個名叫善化幢燈的世界。據《大方廣佛華嚴經》卷五十二載，善化幢燈世界有六千萬億衆生，諸佛相繼在此世界出世，教化諸多的百姓。當時，尊者恭敬地供養諸佛，智能燈佛是那時的第十尊佛。智能燈及其他諸佛受到佛祖前世身的供養，都對他予以加持，佛祖的前世身從智能燈佛處得到了智能和力量，在修佛的道路上又有所成就。

旃檀藏尊者

旃檀藏尊者，即旃檀藏菩薩。旃檀是一種樹，能發出濃郁的香味。相傳尊者身散異香，具大功德。據《菩薩瓔珞經》卷十四載，尊者曾於佛陀剛成佛時，在法樂講堂勸請佛陀講法傳道，以使眾生脫離苦厄，說：「五濁鼎沸世，不識真正法。慧日既以降，惟願除暗冥。」可見旃檀藏菩薩對人世間的污濁丑惡之事早已心懷憂慮，他希望憑借佛法的威力予以掃除，就像太陽升起，黑暗消失，世間一片光明祥和。

五百羅漢第二二九尊

迦難留尊者，佛之弟子。迦，釋意爲業作，指芸芸衆生耕種收獲，繁衍不息於世間。

尊者出家之初辛勤修煉，俗心漸遠，佛心日進，已領悟到清净空寂，無憂無慮無煩惱的樂趣。偶爾回首世間，衆生雖有貧乏之困，病老之苦，離别之思，然而鄰裏之間亦有人情交際，家庭之中妻子兒女亦有天倫之樂，不免有思塵還俗之想。尊者心寂清净，冷眼旁觀，三千大千世界，無非生老病死，往復輪回，苦不堪言。世人雖有種種樂趣，然而凡夫俗子舉足動步無非是罪，難免後世轉爲畜生、餓鬼，或墮入地獄，受盡無邊之苦。要想獲得永遠的解脱，唯有參習佛法，另往清净佛國。從此，尊者一心向佛，盡心修道，因而獲羅漢果位。

香焰幢尊者

香焰幢尊者，佛之弟子。幢是一根頂頭裝飾着各種顏色絲帛的竿柱，常立於佛前，用以表麾衆生，制伏諸魔。香焰是溝通信徒與佛聯係之物，香焰幢是佛的象徵。

據《最勝王經》卷六云：「見彼香烟，一刹那頃，變成香蓋。」香焰幢與此相類，由供佛的香和烟結成幢形。香焰幢尊者崇佛之心極堅極誠，每日於佛前禮拜懺悔，燃香致敬，誠心所感，香烟相結相聚，作一烟幢。

五百羅漢第二三一尊

阿濕卑尊者，爲佛祖釋迦牟尼的聲聞弟子。

據佛學經典《大寶積經》卷九十九記載，佛祖在王舍城外的耆闍崛山中修行時，尊者與迦葉等諸大聲聞弟子曾入城化緣，來到王宮時，阿闍世王親自起迎、行禮、讓座。而阿闍世王的女兒無畏德公主不起迎、不行禮、不讓座，默然坐在原地，受到父王的質問。無畏德公主反問道：大王看到小國的諸侯起迎嗎？獅子獸王見到一群小獸起迎嗎？大海的龍王見到河湖的龍王起迎嗎？阿闍世王雖然心中不平，但是無言以對。尊者等發現無畏德聰慧而有辯才，便向其講說佛法，使公主頓然開悟。佛祖與彌勒菩薩得知此事，便施展神通，使無畏德公主當時就獲得菩薩果位，並由女身轉爲男子，稱爲無畏德菩薩。

摩尼寶尊者，即摩尼寶瓔珞菩薩，又名金剛惠菩薩。

據《成唯識論了義燈》卷七記載，該菩薩爲「等覺中一人」。所謂「等覺」，是大乘階位五十二位中第五十一位之菩薩，此乃菩薩之極位，將得妙覺之佛果，功德智慧與佛相等。尊者佛性清淨，光明無瑕，不爲垢穢所染。他功德圓滿，已達隨心所欲的境界。一生以除世間污穢，脱衆生苦難爲己任。

五百羅漢第二三二尊

福德首尊者，爲佛祖的前世身。

佛教認爲，一個人能獲得佛的果位，不是一生一世的善德所能達到的，而是要經歷幾生幾世的不斷修行，積纍善德，施福於世間大衆，最後才能得到佛的果位。據《大寶積經》記載，佛祖曾向衆弟子述説自己歷世轉生的功德，意在激勵弟子們競相效仿，不懈努力。佛祖回憶説，他曾轉生爲國王，名「福德」，福德王在位時勵精圖治，百廢俱興，因而感動了天地，風調雨順，五穀豐登，百姓樂業，國内無饑寒之憂。然而福德王依然擔心百姓受饑餓及病痛之苦，在他管轄的城鎮鄉村的街巷中，多處存放著飲食和醫藥，若有食不果腹或患有疾病的人，可以任意取用。尊者的作法，後爲元世祖忽必烈效仿，在元大都廣做慈善事業，皇宫每天都向窮人施舍食品，使其深得民心，國力强大。

五百羅漢第二三四尊

利婆彌尊者又作梨婆提，爲釋迦牟尼十大弟子之一目犍連的弟子。

據《摩訶僧祇律》卷三十二記載，釋迦牟尼涅槃後，徒衆準備結集法藏，大迦葉便派梨婆提到三十三天邀請咮提那比丘前來參加集會。結果咮提那一聽説釋迦牟尼涅槃，便決心以身隨侍，亦入涅槃，梨婆提回來後，曾參加佛教經典的第一次結集。

五百羅漢第二三五尊

舍遮獨尊者，生於無佛之世。

相傳尊者生於無佛之世，不能聆聽佛的教誨，然而生來喜歡寂默清静，厭弃世俗煩惱，於是獨居静養，自悟佛性。久經修習，心性豁然如大日光明遍照，悟到佛法的究竟，最終修得智慧，功德圓滿，通曉佛法本意，永離生死輪回。

斷業尊者

斷業尊者，佛之弟子，因德行而得名。業，意爲造作，泛指一切身心活動。

相傳佛教各宗派對業的分類很多，一般分爲三業，即身業（行動）、語業（也稱口業）、意業（思想活動）。世間由於有了三業善惡之因，便有了不同的果報。佛教主張斷除一切業障，才能解脱生死之苦海，到達清淨的佛土。尊者能像利劍一樣，斬斷一切世俗情絲，刻苦修習佛法，已出離因果報應，不墮輪回，最終取得羅漢果位。

歡喜智尊者，即阿難婆伽。

在佛教中有三阿難尊者，即可難陀、阿難跋陀和阿難婆伽，三人分別受持不同的經卷與理論。此尊者爲阿難婆伽，他通曉受持大乘佛教教義，遵循大乘教的理論修習佛性，度化衆生。他佛學理論淵博，從中獲得了無窮的智慧與神通，同時具備大乘佛教所共有的慈悲心性，時時處處向大衆宣讀大乘教義，普濟衆生，度衆生至清净彼岸。

干陀羅尊者

干陀羅尊者，又作犍陀勒、乾陀羅，西域人。

尊者不遠萬里來到中國洛陽，後至洛陽東南之山修立寺廟，被推爲寺主。據説他善法術，一次對同住衆僧人説：「洛陽東南有槃鵄山，山中原有古寺，今故基尚存，可以修立寺院。」衆僧不信，但隨他入山，果找到一處舊寺石基，遂修立寺廟於其上，推犍陀勒爲寺主。新寺距離洛陽一百餘里，犍陀勒總是每天早晨就來到洛陽城中，晚上才回去。有一位自認爲行走很快的僧人想跟隨犍陀勒，雖奔走如飛，流汗浹背，仍是追趕不上。犍陀勒讓他拽着自己的衣角，該僧只覺耳邊風聲颯颯，一會兒就到了寺院，却毫無疲倦的感覺。

五百羅漢第二三九尊

莎伽陀尊者，佛祖的聲聞弟子，佛祖曾爲其授記，預言其未來世當得佛位，佛號「普明」。

據《妙法蓮華經》卷四記載，佛祖爲莎伽陀等諸羅漢授記，指明如何修行，將獲得何等果位。莎伽陀等人聽了佛的點化後深受啓發，認爲自己本來智慧短淺，經佛的教化之後已大有長進，但是自己尚未察覺。他當時舉趣例作爲比喻：一位長者去看望朋友，恰逢朋友醉卧不醒，長者將珍寶係在朋友的衣服上就離開了；朋友酒醒後腹内無食，到處乞討，討到一點吃的便覺滿足，當朋友再次遇到長者時，才知道自己是腰纏萬貫的大富翁。莎伽陀感謝佛祖給予自己的智能，這些智能足以使他脱離煩惱，獲得正覺，更無需到處乞求獲得解脱的方法了。

須彌望尊者

須彌望尊者，即望須彌也，須彌是著名的神山。

據佛教傳説，須彌山是人類所住世界的中心，日月環繞此山回旋出没。山高八萬四千由旬（古印度以帝王一日行軍之路程爲一由旬，有大、中、小由旬之説，爲現今的八十里、六十里和四十里），山頂上爲帝釋天，四面山腰爲四天王天，周圍有七香海、七金山。第七金山外有鐵圍山所圍繞的咸海，咸海四周即四大部洲。爲了表示佛祖至高無上的地位，佛教將佛座制成須彌山形狀，名須彌座，也叫須彌壇。須彌望尊者因是虔誠的佛家弟子，他努力修道，心想須彌，眼望須彌，最後證得阿羅漢果，因此方得此名。

五百羅漢第二四〇尊

持善法尊者，佛之弟子。

佛教分五戒十善與三學六度，其中五戒爲：不殺生、不偷盜、不邪淫、不妄語、不飲酒。十善爲：不殺生、不偷盜、不邪淫、不妄語、不兩舌、不惡口、不綺語、不貪欲、不嗔恚、不邪見，即所謂不犯十惡，謂之十善。五戒十善之法，爲在家修行的居士所受持的善法。三學爲：戒學、定學、慧學，戒學以防人生惡業，定學使人性静心澄，慧學使人觀達真理辨是非。六度爲：布施、持戒、忍辱、精進、禪定、智能。度，即渡。六度可使凡俗渡生死苦海，至清静樂土。三學六度爲出家僧尼受持的善法。

尊者嚴格按照善法要求，居俗受持五戒十善，出家受持三學六度，循序漸進，堅持不懈，終於脱離垢染，證得正果。

提多迦尊者，又作提多伽，中印度摩竭陀國人，初名爲香衆，被禪宗尊爲西天二十八祖之第五祖。

據《景德傳燈録》等書記載，提多伽初生之時，其父夢見一輪金色太陽從屋頂穿出，照耀天地，前面有一座被各種寶物裝飾着的大山，山頂清泉噴涌，滂沱四流，後第四祖優婆毱多遊化至此將其剃度，並付正法眼藏。後來提多伽行化至中印度，那裏有八千大仙，以彌遮迦爲首，都來禮拜。提多迦知彌遮迦具慧根佛性，便爲他剃度，授具足戒。而其他衆仙行爲遲緩，向佛之心不够虔誠，見此情景提多迦便顯示神通使衆人折服，於是諸仙俱發菩提心，均出家爲僧。

五百羅漢第二四三尊

水潮聲尊者，即一切海潮聲菩薩。

世間的江河湖海，雖然名稱各異，然而潮起潮落的聲音是相同的。世間諸佛的名稱不同，所講的經卷也不一樣，但其都是爲了大衆獲得解脱。水潮聲尊者學習世間諸佛的修身養性方法，傾聽世間諸佛講解經卷，親身經受過世間諸佛的教誨，廣學諸佛之法，因此他脱離世俗蓋障，心性清净如明月，通達佛法。

水潮聲尊者，哀憐衆生，能應衆生的需要，應時而至，幫助他們脱離生死苦海。據説供奉之能爲自身帶來吉祥。

智慧海尊者

智慧海尊者即智慧菩薩。智慧海乃是比喻該菩薩的智慧猶如大海，浩淼無際，包容一切。

據《新華嚴經論》卷十七記載，智慧菩薩並不以自己得道爲滿足，而是以慈悲爲懷，教化衆生，積大功德，因而獲得幸福的佛果。

據説供奉智慧菩薩會爲自身一生種下幸福的種子，並給其子孫帶來如意之果。

五百羅漢第二四五尊

衆具德尊者，隋代名僧。魏郡（今河南安陽）人，俗姓王，生于東魏興和二年（公元540年），四歲出家，法號信行。

相傳尊者少蘊悲懷，慧悟奇拔。四歲出家，八歲開始誦經，博涉群經，潔身自愛，備受尊敬，後蒙隋文帝召請，位於長安。後於相州（今河北臨漳）法藏寺受具足戒。他對佛法教理有較新的認識，提倡法不分大小，人不分平凡賢聖。所有衆生不須受持戒行，法侶之間無愛無憎，不詆毀、不誹謗，久而久之就能獲得解脫。因其人格高潔，教義簡明，海內英杰也前來拜訪，故信徒雲集，其教大行於世，人稱「四依菩薩」。

五百羅漢第二四六尊

不思議尊者即不思議菩薩，經常參加釋迦牟尼說法之會。

據《最勝問菩薩十住除垢斷結經》記載，他曾在佛陀於毗舍離城奈祇樹園舉行的法會上，他曾闡釋自己對菩薩慧的理解。還曾向佛祖發誓，在佛祖涅槃後，「護持正法，於十方界廣泛流布，使不斷絶」。佛陀曾親口告訴大衆說，以他爲首的七十個大菩薩已歷經無數劫，供養過無數佛，常修梵行，心不疲倦，深悟佛法。同時他們以慈修身，不舍大悲。如衆生臨死時能稱尊者之名，虔心皈依，死後便可往生佛國凈土。

五百羅漢第二四七尊

彌遮仙尊者，即彌遮迦。中印度人，八千仙人的導首，爲西天二十八祖中之第六祖。

據載，尊者曾是天上的仙人，由阿私陀向他傳授仙法，因而仙術超群。他博聞多達，有大辯材。率有大仙八千，後逢法藏第五祖提迦多尊者，遂與諸仙共發菩提心，成爲提多迦之弟子，並位居八千大仙人之首。五祖提多迦入滅時，以法藏付之，並囑他廣傳正法，引導衆生脫離六道輪回。後來，彌遮伽在外出到北印度行化時自焚其身而入涅槃，衆人收其舍利，建塔供養。

尼馱伽尊者

尼馱伽尊者又作尼陀、尼提。

據《賢愚經・尼揭下度緣品》説，尼提原爲除糞人，在印度屬於非常低賤的首陀羅種姓。佛陀釋迦牟尼不分貴賤，以平等心對待衆生，將他度之。尼提虔誠歸信，恪遵戒律，精勤修行，最終成爲大阿羅漢。

五百羅漢第二四八尊

五百羅漢第二四九尊

首正念尊者

首正念尊者，佛之弟子。正念是八正道（正見、正思惟、正語、正業、正命、正精進、正念、正定）之一，爲集中思想觀念於修習佛法中，不令離散和邪念滋生之意。

相傳首正念皈依佛法以來，去除邪妄，修煉佛性，追求思維境界的清淨。當心性稍有弛散，偏離佛法真諦，他便即刻收心斂意，回歸於法性。久而久之，將心身與法性融爲一體，使法性成爲自身的天然之性，無論游巡於有情世間，還是身居寺院清浄剎土，其佛性都能不改不變，群垢不能染，衆苦不能惱，外道不能欺，磨滅不能損，種種干擾猶如浮雲，自身的佛性則如明月，首正念尊者以朗朗明光施惠於天下衆生，據説信奉此尊者，能修身養性，提高心境。

淨菩提尊者

净菩提尊者，即唐代禪僧净覺，净覺爲佛之異稱。

相傳尊者于太行山剃髮受具足戒，曾師從北宗禪之始祖神秀。神秀逝世後，聞東京有玄賾者，即要請跟從，承蒙其授業指導，律儀周密，深解經典。於太行山靈泉谷撰《楞嚴師資記》，後又到長安大安國寺。尊者致力於闡明北宗禪之祖統，著有《註般若心經》，入室弟子逾七十名。他一生諸惡滅盡，居於净土，衆德悉備，功德圓滿，有極高的思維認識能力。並能破除衆生的憂惱，使廣大衆生從佛法中得到啓迪和快樂。